Heike Kügler-Anger

Vegane Rohköstlichkeiten aus dem Mixer

Heike Kügler-Anger

VEGANE ROHKÖSTLICHKEITEN AUS DEM MIXER

Smoothies, Suppen,
Eiscreme und mehr

illustriert von Kirsten Maria Peter

pala
verlag

INHALT

Inhalt

JETZT GEHT ES RUND

In meinem Leben geht es, verehrte Leserinnen und Leser, in letzter Zeit ziemlich »rund«. Kein Wunder, werden die, die mich kennen, sagen. Schließlich halten mich nicht nur das Bücherschreiben und die Kochkurse, sondern auch Haus und Garten, die ich mit zwei Hunden und drei Katern sowie mit einem ebenfalls viel beschäftigten Ehemann teile, gehörig auf Trab. Manchmal überkommt mich am Ende eines langen Tages der Wunsch, ich könnte mich irgendwann einmal wieder über Langeweile beklagen. Die Vorstellung, still auf der Couch zu sitzen, aus dem Fenster zu schauen und darüber zu grübeln, wie sich die nächsten zwei, drei Stunden einigermaßen sinnvoll gestalten lassen, erscheint mir in solchen Momenten durchaus verlockend. Spätestens aber, wenn ich dann tatsächlich auf der Couch sitze, kommt mir ein solches Verlangen lächerlich vor. Ich bin keine Couch-Potato, sondern eine Macherin. Auch auf der Couch. Wenn ich auf dem Sofa sitze, habe ich (außer ein bis drei Katern) am liebsten einen Stapel Bücher bei mir. Vorzugsweise Kochbücher, in denen ich blättern und nach neuen Inspirationen suchen kann.

So geschah es auch, dass ich vor ein paar Jahren auf der Couch sitzend in einem amerikanischen Kochbuch blätterte und auf ein Vanillecremeeis stieß, das erstens ganz ohne Milchprodukte und zweitens lediglich im Mixbehälter der Küchenmaschine zubereitet wurde. Da ich Eis liebe, auf Milchprodukte gern verzichte, keine Eismaschine, aber eine Küchenmaschine mein Eigen nenne, war ich sofort total begeistert. Zum Glück lagen noch ein paar Bananen in der Obstschale, die umgehend in Scheiben geschnitten und eingefroren wurden, sodass am darauffolgenden Tag mein erster Versuch in Sachen veganes Rohkosteis starten konnte.

MANCHE MÖGEN ES (EIS-)KALT

Seitdem steht Eis bei uns mindestens zweimal in der Woche auf dem Speiseplan. Übrigens auch im Winter, wenn die Eiskreationen durch das Hinzufügen von gehaltvollen Nussmusen, gehackten Kernen oder Nüssen und Kakaopulver oder Kakaonibs (siehe Seite 38) auch einmal üppiger ausfallen dürfen. In den heißen Sommermonaten ersetzen frische Fruchteise und Sorbets bei uns gut und gern eine komplette Mahlzeit. Schon jetzt wünsche ich Ihnen beim Zubereiten und Schlecken der frostigen Köstlichkeiten ab Seite 142 viel Spaß und Appetit!

Doch das Rohkosteis war für mich erst der Anfang. Ich fand schnell heraus, dass sich im Mixbehälter der Küchenmaschine oder im Standmixer viel mehr als nur Eiscreme zubereiten lässt. Auch süße Suppen sowie Puddings und Desserts, die aus frischen und getrockneten Früchten, Kräutern, Nüssen und Samen, ein wenig Pflanzendrink und ausgewählten Würzzutaten zusammengerührt und mit feinen Süßungsmitteln wie Agavendicksaft oder Dattelsirup (Rezept siehe Seite 96) gesüßt werden, sind in null Komma nichts fertig. Die sowohl rohköstlichen als auch veganen Süßspeisen stehen, was den Geschmack und die Konsistenz angeht, denen, die mit Sahne, Butter oder anderen Milchprodukten und Eiern zubereitet werden, in nichts nach, liegen aber deutlich weniger schwer im Magen und lasten nicht so üppig auf den Hüften. Alle großen und auch kleinen Süßschnäbel kommen also voll auf ihre Kosten.

GERÜHRT UND NICHT GESCHÜTTELT

Seit einiger Zeit sind sogenannte »Dressing-Shaker« auf dem Markt, bei denen Frau oder Mann alle notwendigen Zutaten für ein Dressing in den Behälter gibt und durch kräftiges Schütteln miteinander vermischt. Fans von James-Bond-Filmen wissen, dass mit dieser Technik auch der vom Geheimagenten Ihrer Majestät geschätzte Wodka Martini zubereitet wird.

Ich halte es dagegen lieber umgekehrt: Bei mir wird gerührt und nicht geschüttelt! Mithilfe der rotierenden Edelstahlmesser des Mixers lassen sich neben süßen Leckereien auch pikante Gemüsesuppen und sättigende Rohkost-Gemüsegerichte sowie wunderbar aromatische rohköstliche Pestos, Dips und Salatdressings herstellen. Damit nicht genug, werden Mandeln, Nüsse, Samen und Kerne kinderleicht in cremige Muse verwandelt, welche sich wiederum mit etwas Wasser zu erfrischender Pflanzenmilch verrühren lassen. Und das in einer Blitzgeschwindigkeit, von der mit Sicherheit sogar Agent 007 beeindruckt wäre!

Mit der Lizenz zum Mixen lassen sich außerdem Smoothies, die kulinarischen Krönungen der leckeren Rohkost-Mixereien, zubereiten.

Rohkost-Smoothies liegen auf der Zunge, wie ihr Name klingt, nämlich weich, frisch und geschmeidig. Durch kräftiges Mixen werden die Zellulosewände der verwendeten Früchte, Kräuter und des Gemüses aufgebrochen, sodass der Körper alle wertvollen Nährstoffe, die sich in den Pflanzenzellen befinden, leicht aufnehmen kann. Ein Smoothie ist ein leckerer und nahrhafter Energiedrink und eignet sich bestens für einen gesunden Start in den Tag, schmeckt aber auch als leichtes Mittag- oder Abendessen oder gibt als Snack den kleinen Frischekick für zwischendurch. Falls Sie, liebe Leserin und lieber Leser, jetzt neugierig geworden sind, blättern Sie doch gleich ein paar Seiten weiter und schauen Sie, was Ihnen Appetit macht. Ab Seite 42 können Sie zwischen verführerisch süßen Smoothies auf Fruchtbasis, pikanten Gemüse-

smoothies oder grünen Power-Smoothies wählen. So findet sich für (fast) jede Gelegenheit der passende Smoothie!

Ich würde mich freuen, wenn ich Sie mit meinem Spaß am Mixen und mit meiner Lust auf Gesundes und Schmackhaftes aus dem Mixer anstecken könnte.

In diesem Sinn: Let's mix!

Ihre

Heike Rieder-Berger

9

DIE SCHÖNE BUNTE WELT DER SMOOTHIES

Haben Sie es auch schon bemerkt? In den Kühltheken der Supermärkte ist es bunter geworden. Neben den Bechern mit Joghurt, Sahne, Quark und Co. haben sich mit roter, gelber, orange-, pink- oder sogar lilafarbener Flüssigkeit gefüllte Flaschen und Fläschchen breit gemacht. In den Flaschen oder Fläschchen stecken pürierte, fein cremige Fruchtzubereitungen, die nicht nur schmecken, sondern auch dabei helfen sollen, die für eine gesunde Ernährung notwendigen Portionen an Obst quasi in ein paar Schlucken aufzunehmen. Wenn man den Angaben der Handelsketten Glauben schenken darf, sind die flüssigen Fruchtbomben inzwischen die absoluten Renner. Kein Wunder, denn sie zergehen cremig frisch auf der Zunge und schmecken süß wie ein Dessert. Kann Obstgenuss so einfach sein?

Ja und nein. Ja, weil Smoothies durchaus einen sinnvollen Beitrag dazu leisten können, den täglichen Bedarf an frischem Obst zu decken. Durch ihre flüssige, handlich verpackte Form sind sie zudem praktisch und zeitgemäß, weil sie ohne mühseliges Schälen und Schnippeln im Büro, an der Werkbank, in der Schulpause oder zwischen zwei Terminen eine kleine Obstmahlzeit bieten. Sie lassen sich als »Obst to go« ganz nebenbei genießen.

Nein, weil in vielen industriell gefertigten Smoothies nicht nur der natürliche Fruchtzucker der verwendeten Früchte, sondern auch erhebliche Mengen an beigefügtem Zucker stecken. Manche bestehen zudem nicht aus »Natur pur«, wie uns die bunten Etiketten vorgaukeln, sondern enthalten neben Früchten und Fruchtsaft künstliche Farb- und Konservierungsstoffe sowie zugesetzte synthetische Vitamine. Andere sind eine komplette Mogelpackung, weil sie lediglich aus Saftkonzentraten bestehen.

FRUCHTSMOOTHIES

Was macht einen richtig guten Smoothie also aus?

Um diese Frage zu beantworten, schauen wir erst einmal, was sich hinter dem Begriff »Smoothie« verbirgt. Das Wort Smoothie leitet sich vom englischen Adjektiv *smooth* ab, was mit »fein, cremig, gleichmäßig« übersetzt werden kann. Daraus lässt sich schließen, dass die verwendeten Zutaten eines Smoothies fein und gleichmäßig püriert werden, wodurch ein Getränk mit einer cremigen Konsistenz entsteht. Damit ist die Definition des Begriffs »Smoothie« jedoch noch nicht komplett. Werfen wir zum besseren Verständnis dessen, was einen perfekten Smoothie ausmacht, einen kurzen Blick auf seine Entwicklungsgeschichte.

Die Idee, Früchte mit Saft und Eiswürfeln zu einem cremigen Drink zu verarbeiten, stammt aus den Vereinigten Staaten von Amerika. Dort mischte man in Saftbars schon nach dem Ersten Weltkrieg Orangensaft-Mixgetränke, die *fresh, cool* und *creamy* waren. Etwa vierzig Jahre später standen Smoothies auf den Speisekarten der *health food restaurants,* in denen gesundes, schmackhaftes und vorwiegend vegetarisches Essen serviert wurde. Kommerziell vermarktet wurden die Smoothies in den USA erst ab etwa 1980. Sie liegen heute, da das Interesse an einer ausgewogenen Ernährungsform größer ist denn je, voll im Trend. Sowohl bei Rohköstlern, Veganern und Vegetariern als auch bei »Allesessern«, die ihren Speiseplan abwechslungsreicher, »grüner« und damit gesünder gestalten möchten.

Die heutigen Fruchtsmoothies sind wesentlich abwechslungsreicher als ihre »historischen« Vorgänger. Heute kommen nicht mehr nur Orangen in den Mixbehälter. Inzwischen bedient man sich des ganzen Obstspektrums, von Apfel bis Zwetschge, sodass Abwechslung hier Programm ist. Dabei wird stets die ganze Frucht verwendet, von der lediglich die Kerne und, falls notwendig (bei Bananen, Zitrusfrüchten, Mangos, Melonen, Ananas), auch die Schale entfernt werden. Meist werden verschiedene Fruchtarten, süßes und saures Obst, frische und getrocknete Früchte gemischt, grob zerkleinert und mit Wasser, Fruchtsaft, Milch oder Pflanzendrink cremig püriert. Eine in Scheiben geschnittene Banane, ein paar getrocknete und entsteinte weiche Datteln, eine Handvoll Sultaninen oder ein paar Esslöffel Agavendicksaft oder Dattelsirup verleihen dem Smoothie natürliche Süße. Gewürze und Gewürzzutaten wie Zimt, Vanille, Kardamom, Muskat, Ingwer, fein abgeriebene Orangen- oder Zitronenschale runden den Geschmack ab. Eiswürfel oder gestoßenes Eis sorgen für den Frischekick.

GEMÜSESMOOTHIES

Wer sagt eigentlich, dass Smoothies immer nur aus Früchten bestehen und süß schmecken müssen? Niemand.

Deshalb kann man, wenn man Abwechslung liebt oder nicht zu viele süße Früchte essen und den Gemüseanteil in seiner Ernährung erhöhen möchte, auch aus Gemüse leckere herzhafte Smoothies herstellen. Für cremige Gemüsedrinks eignen sich fast alle Gemüsearten, Blattsalate, Garten- und Wildkräuter, die roh verzehrt werden können. Nicht geeignet sind also Kartoffeln, Auberginen, grüne Bohnen und rohe Hülsenfrüchte. Zwiebeln, Frühlingszwiebeln, Schalotten und Knoblauch sollten immer nur in kleinen Mengen als Würzzutat beigefügt werden. Auf rohen Lauch verzichtet man am besten ganz, weil er sehr dominant herausschmeckt.

Am besten gibt man einen Mix aus verschiedenen, geschmacklich miteinander harmonierenden Gemüsearten und Kräutern in den Mixbehälter und fügt ein wenig Wasser, Pflanzenmilch oder etwas milden Fruchtsaft hinzu. Frisch gepresster Zitronensaft, Limettensaft oder Essig sorgen für milde Säure. Hochwertige, kalt gepresste Öle wie Olivenöl, Rapsöl, Sonnenblumenöl, Walnussöl, Leinöl dienen zur Geschmacksverbesserung und sorgen bei manchen Gemüsearten wie Karotten dafür, dass die fettlöslichen Vitamine besser vom Körper aufgenommen werden. Fein cremig werden Gemüsesmoothies, wenn man zusätzlich Avocado, Zucchini oder Sonnenblumenkerne, Cashewkerne, Paranusskerne, Mandeln oder zwei bis drei Esslöffel eines Nussmuses in den Mixbehälter gibt. (Weitere Informationen dazu finden Sie ab Seite 13.) Auch Sprossen und Keimlinge können mitpüriert werden. (Bitte beachten Sie dazu die Informationen ab Seite 18.)

Weil auch Gemüsesmoothies am besten kalt schmecken, sollte nicht nur das Gemüse, sondern auch das Wasser, die Pflanzenmilch oder der Fruchtsaft gut gekühlt sein, bevor alles zusammengemixt wird. Wie bei den Fruchtsmoothies können Eiswürfel oder gestoßenes Eis beim letzten Mixvorgang hinzugefügt werden.

GRÜNE SMOOTHIES

Der King of Smoothies ist jedoch der grüne Smoothie. Er besteht nicht, wie der Name vermuten lässt, lediglich aus Grünzeug, sondern aus einer ausgewogenen Mischung von grünem Blattgemüse und Früchten.

Erfunden wurde auch der grüne Smoothie im Land der unbegrenzten kulinarischen Möglichkeiten, allerdings von einer gebürtigen Russin, die heute mit ihrem Ehemann und ihren beiden Kindern in den USA lebt. Victoria Boutenko und ihre Familie litten an verschiedenen gesundheitlichen Störungen. Auf der Suche nach einer Möglichkeit, ihr Befinden zu verbessern oder die Krankheiten zu heilen, stieß Victoria Boutenko auf die vegane Rohkosternährung. Die Umstellung ihrer Ernährung auf einen Speiseplan, der nur noch rohes, also nicht über 40 Grad Celsius erhitztes Gemüse, Kräuter, Früchte, Sprossen und Keimlinge, Nüsse, Kerne und Samen einschloss, brachte für sie tatsächlich den erhofften Erfolg. Dennoch war Victoria Boutenko mit der Ernährungsform, die

sie praktizierten, nicht zufrieden, weil diese, ihrer Ansicht nach, zwar gesund, aber noch nicht optimal war. Wovon sie viel zu wenig aßen, das waren grünes Blattgemüse und Wildkräuter. Um sie ihrer Familie schmackhaft zu machen, pürierte sie diese mit süßen Früchten – der grüne Smoothie war geboren!

Die grüne Formel für Geschmack und Gesundheit

Ein grüner Smoothie besteht also im Wesentlichen aus drei simplen Grundzutaten, nämlich frischem, dunkelgrünem Blattgemüse, Früchten und Wasser.
Grüne Zutaten sind:

- grüne Kulturgemüse wie Mangold, Spinat, Freilandsalate, Rucola, Grünkohlblätter, Wirsingblätter und die grünen Blätter des Staudenselleries,
- das Blattgrün von Radieschen, Rote Bete, Kohlrabi, Karotten, Blumenkohl und Brokkoli,
- Wildkräuter wie Löwenzahn, Giersch, Portulak, Vogelmiere, Weißer Gänsefuß, Wegerich, Melde,
- Gartenkräuter wie Petersilie, Schnittlauch, Dill, Kresse, Basilikum, Oregano, Majoran, Zitronenmelisse, Estragon, Minze,
- Sprossen und Keimlinge.

Andere Gemüsearten wie Kürbis, Karotten, Kohlrabi, Blumenkohl, Rote Bete und Brokkoli können ebenfalls dafür verwendet werden, herzhafte Gemüsesmoothies zuzubereiten. In einem »echten« grünen Smoothie haben sie, nach Victoria Boutenko, jedoch nichts zu suchen.

Um das ein wenig herbe, deutlich nach »Grün« schmeckende Aroma des Blattgemüses zu mildern, werden dem grünen Smoothie frische Früchte wie Ananas, Äpfel, Birnen, Beerenfrüchte, Kakifrüchte, Kirschen, Mango, Melone, Orangen oder Weintrauben beigefügt. Eine Banane, gleichzeitig mitpüriert, sorgt für feine, dezente Süße und dafür, dass der Smoothie schön cremig wird. Nach Belieben können zur Geschmacksverbesserung wie zur weiteren gesundheitlichen Aufwertung noch kalt gepresste Pflanzenöle, natives Kokosöl, Nussmuse oder Mandelmus, ein paar Nüsse, Sonnenblumenkerne, Chiasamen, Hanfsamen, Mohnsamen sowie etwas Zitronensaft oder Essig hinzugefügt werden.

Das Verhältnis zwischen Früchten und grünem Blattgemüse sollte anfänglich etwa sechzig zu vierzig betragen, das heißt, der grüne Smoothie sollte aus sechzig Prozent Früchten und vierzig Prozent Blattgemüse bestehen. Später, wenn man sich an die Zubereitung der Smoothies und den Geschmack von grünem Blattgemüse gewöhnt hat, kann das Verhältnis auch umgekehrt sein, der Smoothie also aus sechzig Prozent grünem Blattgemüse und vierzig Prozent Früchten bestehen.

Warum grün so gesund ist

Grünes Blattgemüse und Wildkräuter sind für eine ausgewogene Ernährung empfehlenswert, weil sie viele Vitamine und Mineralstoffe, aber gleichzeitig wenig Kalorien liefern. Der Nährstoffgehalt des Blattgrüns von zum Beispiel Wurzelgemüse ist dabei um ein Vielfaches höher als das der Knollen selbst. Außerdem enthält grünes Blattgemüse reichlich sekundäre Pflanzenstoffe, die unter anderem dazu beitragen, gefährliche freie Radikale im Körper unschädlich zu machen. Ballaststoffe sorgen nicht nur für eine gute Verdauung, sondern auch dafür, dass der Blutzuckerspiegel stabil gehalten wird und Giftstoffe aus dem Körper transportiert werden. Durch das kräftige Mixen werden zudem die Zellulosewände der Pflanzen aufgebrochen, sodass der Körper all die in den Pflanzenzellen enthaltenen Nährstoffe verwerten kann. Darüber hinaus wird durch das Mixen der Verdauungsprozess erleichtert, sodass grüne Smoothies in der Regel auch von Menschen vertragen werden, die beim Verzehr von manchen Obst- und Gemüsearten ansonsten mit Magen- und Darmbeschwerden reagieren.

Frisch ist besser

Grüne Smoothies sollten, ebenso wie reine Fruchtsmoothies und herzhafte Gemüsesmoothies, immer frisch zubereitet und möglichst bald getrunken werden, weil während des längeren Aufbewahrens (auch im Kühlschrank) wertvolle Vitamine verloren gehen und sie außerdem schneller verderben als erhitzte Frucht- und Gemüsesäfte. Wem die Zeit fehlt, morgens, vor dem Start in den Tag, einen Smoothie zu mixen, kann dies jedoch auch am Abend, kurz vor dem Zubettgehen, erledigen. Den fertig zubereiteten Smoothie füllt man am besten in ein verschließbares Glas oder eine Flasche mit Deckel und gibt ihn in den Kühlschrank, wo er maximal 48 Stunden lagern sollte.

Gemüse und Obst aus kontrolliert biologischem Anbau sind als Zutaten besonders wertvoll. Wenn sie dann noch aus der Region stammen und verwendet werden, wenn sie Saison haben, sind daraus zubereitete Smoothies in jeder Hinsicht optimal.

ROHKOSTEIS

Fruchtcremeeis aus einem guten Eiscafé wird in der Regel aus frischen Früchten, Zucker und Würzzutaten, die für das Aroma sorgen, sowie Milch, Sahne und Eiern, die für die gewünschte Cremigkeit notwendig sind, hergestellt. Die Früchte werden zerkleinert, behutsam mit den anderen Zutaten verrührt und dann in eine Eismaschine gegeben. Die sorgt nicht nur dafür, dass aus der Creme durch Gefrieren ein richtiges Eis wird. Durch das ständige Rühren werden feine Luftbläschen in die gefrierende Creme eingearbeitet und die Eiskristalle so klein wie möglich gehalten. Dadurch bekommt das fertige Eis einen zarten Schmelz. Bei der industriellen Produktion von Speiseeis werden zusätzlich häufig noch Hilfsstoffe wie Aroma- und Farbstoffe, Bindemittel, Emulgatoren und Stabilisatoren verwendet. Ein solches Eis ist dann alles andere als »natürlich«.

In selbst gemachten Rohkosteiscremes steckt dagegen »Natur pur«. Sie bestehen hauptsächlich aus frischen Früchten, die in Würfel oder Scheiben geschnitten, lose in Gefrierbeutel oder kältebeständige Kunststoffdosen gefüllt und dann für mindestens zwölf Stunden zum Einfrieren in das Tiefkühlgerät gegeben werden. Um das Eis zuzubereiten, nimmt man die Früchte aus dem Kälteschlaf und lässt sie, entweder noch im Beutel oder in der Dose oder schon im Mixbehälter, kurz (etwa zehn Minuten) antauen. Dann gibt man die weiteren Zutaten in den Mixbehälter und püriert so lange, bis alles fein zerkleinert und das Eis cremig ist.

So stecken in den Rohkosteis-Kreationen das volle Fruchtaroma sowie alle wertvollen Inhaltsstoffe, die in den Früchten selbst enthalten sind.

Besonders cremig schmelzend wird Rohkosteis durch das Hinzufügen von Mandelmus oder Nussmusen und / oder durch in Scheiben geschnittene, gefrorene Banane, die man mitpüriert. Gewürze wie Zimt, Vanille, Kakao, Kräuter wie

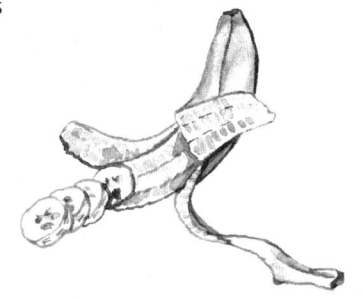

Minze, Zitronenmelisse oder Basilikum und frisch gepresster Zitronen- oder Limettensaft verfeinern, je nach Bedarf, das Aroma. Gesüßt wird entweder mit getrockneten und entsteinte Datteln, die klein geschnitten und mit untergerührt werden, mit Dattelsirup (Rezept siehe Seite 96), Agavendicksaft oder auch Roh-Rohrzucker.

Eine weitere Möglichkeit, cremiges Rohkosteis herzustellen, besteht darin, Cashewkerne über Nacht in Wasser quellen zu lassen, das Wasser abzugießen und die Cashewkerne im Anschluss mit zerkleinerten Früchten oder anderen Zutaten zu pürieren. Dann gibt man die Crememasse in eine kältebeständige Kunststoffdose mit Deckel oder in Portionsförmchen, die man mit Frischhaltefolie abdeckt, und lässt das Eis im Tiefkühlgerät gefrieren. Wenn die Zeit zum Einweichen der Cashewkerne fehlt (weil sich zum Beispiel morgens überraschend Besuch für den Abend angekündigt hat), kann man die Cashewkerne mit etwas Pflanzenmilch im Mixbehälter fein zerkleinern, die restlichen Zutaten dazugeben, alles nochmals gründlich mixen und die Masse wie beschrieben einfrieren.

Sorbets sind besonders leichte Eiskreationen, weil sie lediglich aus tiefgefrorenen Früchten (manchmal auch aus Früchten in Kombination mit einer milden Gemüseart), frischen Kräutern, einem Säuerungsmittel wie Zitronensaft oder Essig und einem Süßungsmittel bestehen. Für die superschnelle Zubereitung kann man auch Tiefkühlware verwenden.

Die Menge an Flüssigkeit (Wasser, Pflanzendrink), die Sie bei der Eiszubereitung in den Mixbehälter geben müssen, richtet sich auch nach der Leistungsfähigkeit Ihres Mixgerätes. Mixer, die mit einem sehr leistungsstarken Motor versehen sind, schaffen es, die gefrorenen Zutaten unter der Zugabe von sehr wenig oder gar keiner Flüssigkeit cremig zu rühren. Bei schwächeren Geräten muss mitunter etwas mehr Flüssigkeit als im Rezept angegeben hinzugefügt werden.

Damit man sein Gerät nicht überfordert, sollten die gefrorenen Früchte und Zutaten zudem etwa zehn Minuten antauen. Je länger die Früchte vorher antauen, desto besser lassen sie sich im Anschluss pürieren. Das Eis wird nach längerem Antauen der Früchte allerdings nicht mehr so fest, dass man Kugeln daraus formen kann, sondern ähnelt mehr einem Softeis.

Sollte ihr Mixgerät nicht ganz so viel Power haben, können Sie ihm außerdem durch den folgenden Trick die Arbeit erleichtern: Schneiden Sie die frischen Früchte, je nach Sorte, in kleine Würfel oder dünne Scheiben. Geben sie die zerkleinerten Früchte auf ein großes Tablett oder Backblech und achten Sie darauf, dass die Früchte sich nicht berühren. Frieren Sie die Früchte so ein. Wenn Sie am nächsten Tag Eis herstellen möchten, nehmen Sie die Früchte direkt vom Tablett oder Backblech und geben Sie sie in den Mixbehälter.

Möchten Sie die Früchte länger im Tiefkühlgerät aufbewahren, füllen Sie sie nun in einen Gefrierbeutel oder eine Kunststoffdose. Auf diese Weise wird verhindert, dass die Früchte beim Gefrieren aneinanderfrieren und für den Mixer schwer aufzulösende »Klumpen« bilden.

Bananen färben sich beim längeren Einfrieren braun, sodass Sie sie, wenn Sie cremeweißes Eis herstellen möchten, nicht länger als drei Wochen im Tiefkühlgerät lassen sollten. Der Geschmack wird durch die Verfärbung allerdings nicht beeinträchtigt. Andere Früchte überstehen den Kälteschlaf bis zu vier Monate ohne optischen oder geschmacklichen Mangel. Einmal aufgetaute Früchte oder verzehrbereites Rohkosteis sollte danach nicht wieder eingefroren werden. Falls Reste vom Eis übrig bleiben, können Sie sie zum Beispiel über Nacht in einem verschließbaren Behälter im Kühlschrank aufbewahren. Verlängern Sie die Reste am nächsten Tag mit ein paar zusätzlichen frischen Früchten und etwas Pflanzenmilch oder Saft und verrühren Sie alles im Mixer zu einem Smoothie.

KALTE PIKANTE UND SÜSSE SUPPEN

Suppen sind bei Groß und Klein beliebt. Wahrscheinlich, weil sie so wunderbar wandelbar sind. Es gibt klare und gebundene Suppen, sehr sämige und eher dünnflüssige Suppen, pikante und süße, heiße und, ja, auch kalte. Der spanische Gazpacho, bei dem Tomaten, Paprikaschoten, Gurken, Knoblauch und Zwiebel püriert und mit Olivenöl und Essig abgeschmeckt werden, ist das klassische Beispiel für eine kalte pikante Suppe. Ab Seite 119 stelle ich Ihnen zehn weitere pikante Rohkostsuppen vor, in denen ausgesuchte Gemüsearten mit frischen Kräutern fein cremig püriert und mit aromatischen Würzzutaten abgeschmeckt werden. Bei den süßen Suppen, die Sie ab Seite 130 vorfinden, stehen, wie bei den Fruchtsmoothies, frische Früchte im Vordergrund. Anders als ein Smoothie, sind die pikanten wie auch süßen Rohkostsuppen jedoch als eigenständige Hauptmahlzeit gedacht. Sie sind also sämiger, sättigender und meistens auch gehaltvoller als ein Smoothie. Außerdem trinkt man sie nicht aus einem Glas mit dem Trinkhalm, sondern löffelt sie aus einem Suppenteller oder einer Suppentasse. Damit sie ihrem Namen alle Ehre machen, sollten die Hauptzutaten für eine kalte Suppe immer sehr gut gekühlt in den Mixer kommen. Eiswürfel oder gestoßenes Eis passen nämlich nicht in diese cremige Rohköstlichkeit.

WAS SPRIESST DENN DA?

Sprossengemüse ist wahrlich ein wunderbares Gemüse. Um es anzubauen, braucht man keinen Garten, keinen Balkon, ja noch nicht einmal einen mit Erde gefüllten Blumentopf. Alles was man benötigt, um in etwa drei bis sieben Tagen knackig frische und vor gesundheitsfördernden Inhaltsstoffen nur so strotzende Sprossen herzustellen, sind Sprossensamen, Keimgläser oder ein Keimgerät und Wasser. Einfacher und preiswerter geht es wohl nicht!

Aber was sind Sprossen oder Keimlinge eigentlich? Hinter diesen beiden Begriffen, die im Alltag etwa gleichbedeutend benutzt werden, verbirgt sich als Erstes der Keim einer Pflanze, der mit dem Mehlkörper im Samenkorn eingebettet ist und die Vorstufen für die Keimblätter, Wurzeln und Stängel der späteren Pflanze enthält. Der Keimling ist das junge Pflänzchen, das aus dem Samenkorn entsprießt. Als Sprossen bezeichnet man die oberirdischen Teile des Keimlings, also den Stängel und die daraus sprießenden Blätter. Keimlinge und Sprossen werden in der Regel noch vor dem Ausbilden der richtigen Wurzeln geerntet, weil diese den feinen, zarten Geschmack beeinträchtigen. Haben die Wurzeln im Anzuchtboden schon Fuß gefasst und sind die Stängel und grünen Blättchen bereits gut ausgebildet, spricht man übrigens von Grünkraut.

Geeignete Keimsaaten für die Aufzucht von Sprossengemüse sind die Samen und Kerne von:
- Hülsenfrüchten, hier besonders Luzerne (Alfalfa), Adzukibohne (Azukibohne), Erbse, Kichererbse, Linse, Mungbohne, Sojabohne, Reisbohne und Bockshornklee.
- Getreide, hier besonders Dinkel, Weizen, Roggen, Nacktgerste, Nackthafer, Hirse und Mais.
- Amarant, Buchweizen und Quinoa.
- Blattgemüse und Kreuzblütengewächse wie Brokkoli, Kresse, Rucola und Senf.
- Knollengemüse wie Rettich, Radieschen, Rote Bete.
- Pflanzen, die Ölsaaten liefern, wie Kürbis, Lein, Sesam und Sonnenblume.

KLEINE KRAFT- UND GESUNDHEITSPAKETE

Die eher unscheinbar anmutenden Sprossen und Keimlinge haben es, im wahrsten Sinn des Wortes, »in« sich. Oder hätten Sie, verehrte Leserinnen und Leser, vermutet, dass zum Beispiel der Vitamin-C-Gehalt bestimmter Sprossenarten während des Keimprozesses bis zu 600 Prozent steigen kann? Aus diesem Grund empfahlen Ärzte schon vor 200 Jahren Keimlinge und Sprossen als Vorbeugung gegen die Vitamin-C-Mangelkrankheit Skorbut. Neben wertvollen Vitaminen (Vitamin A, Vitamine der Vitamin-B-Gruppe, Vitamin C) enthalten Sprossen und Keimlinge außerdem noch wichtige Mineralstoffe wie Kalzium, Magnesium, Kalium, Eisen und Zink, die durch das Keimen zudem noch besser im Körper aufgenommen werden können. Sekundäre Pflanzenstoffe, essentielle Aminosäuren und Ballaststoffe tragen außerdem dazu bei, dass die kleinen, knackigen Sprossen und Keimlinge wahre Powerpakete für Gesundheit und Wohlbefinden sind.

Einige schwer verdauliche Stoffe, zum Beispiel die in Hülsenfrüchten enthaltenen komplexen Kohlenhydrate, werden während des Keimens zu bis zu 80 Prozent in leicht verdauliche Zweifachzucker umgewandelt. Deshalb sind die (vor dem Verzehr vorzugsweise blanchierten) Erbsen-, Kichererbsen- und Sojabohnenkeime für all diejenigen, die ein empfindliches Magen-Darm-System haben, meist besser zu verdauen als durch Kochen gegarte Hülsenfrüchte. Auch die in Hülsenfrüchten und Getreidekörnern enthaltene Phytinsäure, die die Aufnahme von Kalzium und anderen Mineralstoffen im Darm verhindern kann, wird durch den Keimprozess abgebaut. Nicht vollständig durch das Keimen abgebaut wird allerdings Phasin (ein giftiger Eiweißstoff), sodass alle Sprossen von Hülsenfrüchten außer Mungbohnensprossen, Adzukibohnensprossen und Linsensprossen sicherheitshalber vor dem Verzehr kurz blanchiert werden sollten. Weiteres zu diesem Thema finden Sie auf Seite 24.

KEIMEN IST KINDERLEICHT

Damit die kleinen Sprossen und Keimlinge gut gedeihen, benötigen sie Feuchtigkeit, Sauerstoff, ein gewisses Maß an Wärme (am besten zwischen 18 und 20 Grad Celsius) und besonders in der letzten Keimphase auch etwas Licht. Sie sollten jedoch nie in der prallen Sonne stehen, weil sich bei zu hohen Temperaturen schnell Schimmel oder gefährliche Bakterien entwickeln.

Auswahl der geeigneten Samen

Um beim Sprossenanbau im Do-it-yourself-Verfahren eine reiche und sichere Ernte »einzufahren«, sollte man ausschließlich spezielle Keimsaaten, vorzugs-

weise in Bioqualität, verwenden, die man in Reformhäusern, Naturkostfachgeschäften und im Internet-Versandhandel, in den Wintermonaten manchmal
auch in einigen gut sortierten Supermärkten kaufen kann. Einige Hersteller
von Getreide, das für die Sprossenzucht genutzt werden kann, haben auf den
Etiketten den Hinweis »keimfähig« aufgedruckt. Samen, die man für die An-
saat im eigenen Garten verwendet, sind dagegen zum Sprossenanbau nicht
geeignet.

Notwendige Vorbereitungen

Als Erstes sollten die Samen in einem kleinen Sieb gründlich mit reichlich
klarem Wasser abgespült werden. Sehr kleine Samen wie Alfalfa oder Rucola
müssen nicht eingeweicht, sondern können sofort nach dem Abspülen in
das Keimgerät gegeben werden. Größere Samen oder Samen mit härterer
Schale wie Amarant, Bockshornklee, Brokkoli, Quinoa, Rettich, Senf und Sonnenblumenkerne sollten etwa sechs Stunden in reichlich kaltem Wasser eingeweicht werden. Getreidesamen und Samen von Hülsenfrüchten benötigen
eine Einweichzeit von etwa zwölf Stunden. Durch das Einweichen können die
Samenschalen vorquellen, sodass die Samen später besser keimen. Nach dem
Einweichen spült man die Samen noch einmal gründlich mit frischem Wasser
ab und gibt sie in das Keimgerät.

Die zu verwendenden Mengen

Wie viele Samen man auf einmal verwendet, hängt zum einen von der gewünschten Menge an Sprossen und Keimlingen, die man herstellen möchte,
wie auch von der Größe des verwendeten Keimgerätes ab. Grundsätzlich
gilt, dass die Samen den Boden des Keimgerätes locker bedecken sollen.
Beim Einstreuen sollte man also darauf achten, dass die Samen nicht über-
einander liegen und noch genügend Platz
zum Quellen haben. Die ab Seite 25
aufgeführten Beispielrezepte geben
einen Anhaltspunkt darüber, wie
viel Saatgut und Wasser in etwa
für eine Erntemenge benötigt
wird, die für zwei Personen ausreicht. Es steht Ihnen natürlich
frei, die Mengen nach Ihrem
Bedarf oder an die Größe Ihres
Keimgerätes anzupassen.

Keimgeräte

Im Handel gibt es verschiedene, speziell für diesen Zweck entwickelte Keimgeräte, die die Aufzucht von Keimgut erleichtern.

Wenn Sie jedoch noch unsicher sind, ob Ihnen Sprossen und Keimlinge wirklich schmecken oder ob Ihnen deren Anzucht Freude macht, können Sie die ersten »Testläufe« mit einem einfachen Gurkenglas oder Einmachglas, das einen leicht nach oben gebogenen Glasboden hat, bewältigen. Das geht ganz einfach: Spülen Sie das Glas in heißem Wasser, dem Sie etwas Spülmittel hinzugefügt haben. Spülen Sie das Glas danach nochmals gründlich mit heißem, klarem Wasser aus. Geben Sie nun die Samen in das Glas und füllen Sie das Glas mit frischem, kaltem Wasser. Decken Sie das Glas mit einem sauberen Seihtuch, einem Stück Gaze oder einem dünnen Stofftaschentuch ab und befestigen Sie dieses mit einem passenden Gummiring. Bitte achten Sie darauf, dass sowohl das Glas als auch der als Siebersatz verwendete Stoff picobello sauber sind! Halten Sie das so verschlossene Glas nun über ein Waschbecken, damit das Wasser abfließen kann. Stellen Sie das Glas daraufhin leicht schräg, zum Beispiel in ein Schälchen, und zwar so, dass der Stoff nach unten zeigt. Wenn das Wasser vollständig abgetropft ist, können Sie das Glas bis zum nächsten Abspülen der Samen umdrehen und direkt auf den Glasboden stellen.

Falls Sie kein geeignetes Tuch zur Hand haben, können Sie bei der Verwendung eines Gurkenglases auch den zum Glas gehörigen Metalldeckel als Siebersatz umfunktionieren. Dazu sticht man mit einem Dorn (wie man ihn zum Beispiel zum Öffnen von Kondensmilchdosen benutzt) kreisförmig viele kleine Löcher in den Deckel, sodass er wie ein Sieb aussieht. Eine andere Möglichkeit besteht darin, den Deckel mit der Innenseite nach oben auf einen schlagfesten, aber weichen Untergrund (zum Beispiel ein Holzbrett oder ein dickes Stück Pappe) zu legen und mithilfe eines großen Nagels und Hammers Löcher in den Deckel zu schlagen. Verfahren Sie danach weiter wie oben beschrieben. Aber Vorsicht! Achten Sie bitte darauf, dass Sie sich beim Hantieren mit dem Deckel nicht an den scharfen Metallkanten der Löcher verletzen.

Einfacher geht es natürlich mit fertig gekauften Sprossengläsern, die mit einem Siebdeckel aus Kunststoff oder Metall und mit einem passenden Ständer geliefert werden, sodass das Wasser optimal abfließen kann. Sprossengläser eignen sich besonders gut für etwas größere Samen und die Samen von Hülsenfrüchten.

Eine Alternative zum Sprossenglas ist eine Keimschale aus Kunststoff oder Ton. Die Samen werden bei dieser Methode auf einer gelöcherten Schale verteilt und abgespült. Die Siebschale setzt man auf eine zweite Schale, in der das Wasser aufgefangen wird. Um die Feuchtigkeit und Temperatur in etwa konstant zu halten, wird nun ein Deckel aufgesetzt.

Mehrere Sorten von Sprossen und Keimlingen auf einmal kann man in Geräten züchten, die als Sprossenturm, Keimbox, Sprossenbox, Keimbar oder Keimgerät angeboten werden. Dabei werden (meist) drei gelöcherte, wasserdurchlässige Schalen aus Kunststoff oder Ton mit genügend Abstand aufeinandergestapelt, auf eine Auffangschale gestellt und mit einem Deckel abgedeckt. Durch ein ausgeklügeltes Bewässerungssystem werden alle Etagen mit genügend Feuchtigkeit versorgt, sodass ein optimales Keimklima entsteht.

Um die notwendige Hygiene zu gewährleisten, sollten die verwendeten Keimgeräte so konstruiert sein, dass sie nach dem Gebrauch in heißem Spülwasser oder in der Spülmaschine gereinigt werden können.

Wasser marsch!

In der feuchten Umgebung, die für den Keimvorgang notwendig ist, entwickeln sich nicht nur die gewünschten Sprossen und Keimlinge, sondern leider mitunter auch unerwünschte Schimmelpilze, Bakterien und andere mögliche Krankheitserreger. Manche Samen, wie zum Beispiel Leinsamen und Buchweizen, quellen beim Keimen schleimig auf, was ebenfalls das Bakterienwachstum fördert. Deshalb ist das regelmäßige und gründliche Abspülen der Samen eine der wichtigsten Hygienemaßnahmen. Je höher die Raumtemperatur (zum Beispiel im Sommer) ist, desto häufiger muss gewässert werden. In der Regel reicht es aus, wenn man die Sprossen und Keimlinge zwei bis drei Mal täglich mit klarem Wasser abspült. Sorten, die zum Schleimen neigen, sollten noch häufiger abgespült werden. Die Samen sollten während des gesamten Keimvorgangs immer nur mit Wasser benetzt sein, jedoch niemals im Wasser liegen.

Keimdauer

Manche Sprossen und Keimlinge sind schon nach gut zwei Tagen »erntereif«, andere benötigen dagegen eine ganze Woche. Um den richtigen Erntezeitpunkt zu bestimmen, sollte man spätestens ab dem dritten Tag des Keimens mindestens einmal täglich den Geschmack der Sprossen überprüfen. Noch junge Keimlinge sind knackig, schmecken frisch und leicht süßlich, ältere eher herb. Lässt man die Samen zu lange keimen, werden sie unangenehm bitter.

Wann welche Sorte von Sprossen und Keimlingen in etwa fertig gekeimt sein sollte, zeigt die Tabelle auf Seite 23.

Sorte	Keimdauer	Sorte	Keimdauer
Adzukibohnen	2 – 4 Tage	Linsen	3 – 4 Tage
Alfalfa	6 – 7 Tage	Mungbohnen	3 – 6 Tage
Amarant	6 – 7 Tage	Quinoa	6 – 7 Tage
Bockshornklee	3 – 4 Tage	Radieschen	2 – 5 Tage
Brokkoli	3 – 4 Tage	Rettich	4 – 7 Tage
Buchweizen	3 – 4 Tage	Roggen	2 – 4 Tage
Dinkel	2 – 3 Tage	Rucola	3 – 6 Tage
Erbsen	3 – 4 Tage	Senf	2 – 5 Tage
Gerste	2 – 4 Tage	Sesam	2 – 5 Tage
Kichererbsen	3 – 4 Tage	Sonnenblumen-	
Kürbis	3 – 4 Tage	kerne	2 – 4 Tage
Leinsamen	3 – 4 Tage	Weizen	2 – 4 Tage

Aufbewahrung

Alle Sprossen und Keimlinge sollten möglichst frisch, das heißt sobald sie die richtige Größe erreicht haben, verzehrt werden. Vor dem Verzehr spült man sie nochmals unter frischem Wasser ab. Wenn Reste übrig bleiben oder man keine Zeit hat, die Sprossen und Keimlinge am Erntetag zu essen, sollten sie im Kühlschrank aufbewahrt werden, wo die Kälte den Keimvorgang unterbricht. Am besten gibt man die gut abgetropften Sprossen und Keimlinge in ein verschließbares Glas oder legt sie locker in eine mit einer Klemme verschlossene Gefriertüte. Innerhalb von 48 Stunden sollten sie jedoch aufgegessen werden.

Ein wenig Vorsicht tut Not

Sprossen und Keimlinge sind wertvolle und gesunde Lebensmittel. Die feucht-warmen Anzuchtbedingungen bieten jedoch gleichzeitig den Nährboden für zahlreiche gesundheitsschädliche Keime wie zum Beispiel EHEC-Bakterien und andere Escherichia-coli-Bakterien (Darmbakterien) sowie Salmonellen, Listerien und Hefepilze. Deshalb ist beim Umgang mit Sprossen und Keimlingen auf penibelste Hygiene zu achten. Die Keimgläser oder Keimgeräte sollten nur gründlich gereinigt mit Keimgut gefüllt werden. Während des Keimvorgangs sollten die Sprossen und Keimlinge ausreichend gewässert und möglichst nicht Temperaturen von über 23 Grad Celsius ausgesetzt werden.

Wenn man fertig gekeimte Sprossen im Handel kauft, sollte man darauf achten, dass sie im Kühlregal aufbewahrt wurden. Die Kühlkette von der Kühltheke des Supermarkts bis zum heimischen Kühlschrank sollte man möglichst nicht unterbrechen. Vor dem Verzehr müssen alle Sprossen und Keimlinge, ob selbst angebaut oder fertig gekeimt gekauft, noch einmal gründlich abgespült werden.

Beim Keimen von Hülsenfrüchten sollte man zudem Folgendes beachten: Rohe Hülsenfrüchte enthalten in unterschiedlichen Konzentrationen ein für den Menschen giftiges Glycosid, das Phasin, welches unter anderem zu Erbrechen, Durchfall sowie anderen Magen- und Darmbeschwerden, im schlimmsten Fall auch zu einer tödlichen Vergiftung führen kann. Durch Erhitzen, also durch das Kochen der Hülsenfrüchte, wird das Phasin zerstört. Auch durch den Keimvorgang verringert sich der Phasingehalt, es wird aber nicht vollständig abgebaut. Deshalb sollten Sprossen von Bohnen und Erbsen mit Ausnahme von Mungbohnensprossen, Adzukibohnensprossen und Linsensprossen vor dem Verzehr kurz blanchiert, das heißt kurz in kochend heißem Wasser erhitzt und dann in Eiswasser abgekühlt werden. Menschen mit empfindlichem Magen sollten bei rohen Mungbohnen- oder Linsensprossen – wie bei allen Sprossen – das verträgliche Maß zunächst vorsichtig mit kleinen Mengen testen.

Von behördlicher Seite (zum Beispiel dem Bundesinstitut für Risikobewertung) und von den deutschen Ernährungsgesellschaften wird aufgrund der erhöhten Keimbelastung sogar empfohlen, nicht nur gekeimte Hülsenfrüchte, sondern jede Art von Sprossen und Keimlingen vor dem Verzehr zu blanchieren. Wodurch sie dann natürlich nicht mehr roh sind.

An dieser Stelle möchte ich Ihnen die Entscheidung selbst in die Hand geben, ob Sie Sprossen und Keimlinge vor dem Verzehr kurz blanchieren oder sie als Rohkost zu sich nehmen. Ich bin mir sicher, dass Sie nach dem Lesen dieses Abschnitts und der darin enthaltenen Informationen die für Sie richtige Entscheidung treffen werden.

Einige Beispielrezepte auf den folgenden Seiten sollen Ihnen bei der Küchenpraxis helfen.

Braunhirse
50 g Braunhirse
etwa 150 ml Wasser zum Einweichen

- Die Braunhirse mit frischem Wasser abspülen und abtropfen lassen. Mit dem Einweichwasser in eine Schüssel geben und etwa 12 Stunden einweichen.
- Das Einweichwasser abgießen, die Braunhirse mit frischem Wasser abspülen und in ein Keimgefäß geben.
- Die Braunhirse täglich zwei bis drei Mal mit frischem Wasser abspülen und zurück in das Keimgefäß geben.
- Die Braunhirse sollte in etwa 3 Tagen gekeimt sein.

Buchweizen
55 g Buchweizen
etwa 200 ml Wasser zum Einweichen

- Den Buchweizen sehr gut mit frischem Wasser abspülen und etwas abtropfen lassen. Mit dem Einweichwasser in eine Schüssel geben und 2 – 3 Stunden einweichen.
- Das Einweichwasser abgießen, den Buchweizen sehr gründlich mit frischem Wasser abspülen und in ein Keimgefäß geben.
- Den Buchweizen täglich drei bis vier Mal sehr gründlich mit frischem Wasser abspülen und zurück in das Keimgefäß geben.
- Der Buchweizen sollte in 3 – 4 Tagen gekeimt sein.

Getreidekeimlinge
60 g Weizen oder Nackthafer oder Nacktgerste
etwa 200 ml Wasser zum Einweichen

- Die Getreidesamen mit frischem Wasser abspülen und etwas abtropfen lassen. Mit dem Einweichwasser in eine Schüssel geben und etwa 12 Stunden einweichen.
- Das Einweichwasser abgießen, die Getreidesamen mit frischem Wasser abspülen und in ein Keimgefäß geben.
- Die Getreidesamen täglich zwei bis drei Mal mit frischem Wasser abspülen und zurück in das Keimgefäß geben.
- Die Getreidesamen sollten in 2 – 4 Tagen gekeimt sein.

Mungbohnen
60 g Mungbohnen
etwa 150 ml Wasser zum Einweichen

- Die Mungbohnen mit frischem Wasser abspülen und etwas abtropfen lassen. Mit dem Einweichwasser in eine Schüssel geben und etwa 12 Stunden einweichen.
- Das Einweichwasser abgießen, die Mungbohnen mit frischem Wasser abspülen und in ein Keimgefäß geben.
- Die Mungbohnen täglich zwei bis drei Mal mit frischem Wasser abspülen und zurück in das Keimgefäß geben.
- Die Mungbohnen sollten in gut 3 Tagen gekeimt sein.

Quinoasamen
35 g Quinoasamen
etwa 150 ml Wasser zum Einweichen

- Die Quinoasamen mit frischem Wasser abspülen und etwas abtropfen lassen. Mit dem Einweichwasser in eine Schüssel geben und etwa 6 Stunden einweichen.
- Das Einweichwasser abgießen, die Quinoasamen mit frischem Wasser abspülen und in ein Keimgefäß geben.
- Die Quinoasamen täglich zwei bis drei Mal mit frischem Wasser abspülen und zurück in das Keimgefäß geben.
- Die Quinoasamen sollten in 6 – 7 Tagen gekeimt sein.

Sonnenblumenkerne
55 g Sonnenblumenkerne
etwa 200 ml Wasser zum Einweichen

- Die Sonnenblumenkerne mit frischem Wasser abspülen und etwas abtropfen lassen. Mit dem Einweichwasser in eine Schüssel geben und etwa 6 Stunden einweichen.
- Das Einweichwasser abgießen, die Sonnenblumenkerne mit frischem Wasser abspülen und in ein Keimgefäß geben.
- Die Sonnenblumenkerne täglich zwei bis drei Mal mit frischem Wasser abspülen und zurück in das Keimgefäß geben.
- Die Sonnenblumenkerne sollten in 2 – 4 Tagen gekeimt sein.

KOCHEN OHNE ZU KOCHEN

Für die Zubereitung der Rezepte ab Seite 42 benötigen Sie keinen Kochtopf, keine Pfanne, keinen Backofen und keinen Herd. Wenn Sie also gerade mit einer neuen Küchenausstattung liebäugeln, muss ich Sie enttäuschen. Das Buch, welches Sie in den Händen halten, kommt, was die benötigten Hilfsmittel zur Realisierung der Rezepte betrifft, eher minimalistisch daher. Um einen leckeren Smoothie, eine sättigende Rohkostsuppe, aromatische Dips und Dressings sowie cremiges Eis oder verführerische rohköstliche Desserts zuzubereiten, brauchen Sie nur ein paar wenige Küchenhandwerkzeuge. Die meisten davon haben Sie wahrscheinlich bereits in Ihrer Küche.

Sie benötigen:
- Ein scharfes Schälmesser, um Obst und Gemüse zu schälen, sowie ein gutes Küchenmesser, um Früchte und Gemüse grob zu zerkleinern oder um Kräuter, Nüsse und Kerne zu hacken.
- Mindestens ein ausreichend großes und stabiles (Holz-)Schneidebrett, auf dem Sie das Obst und Gemüse grob zerkleinern sowie Nüsse und Mandeln grob hacken können.
- Eine Küchenwaage, um die Zutaten genau abzuwiegen.
- Einen Messbecher, um Flüssigkeiten genau abzumessen und zu dosieren.
- Ein paar Schüsseln aus Glas, Keramik, Edelstahl oder Kunststoff, um die Zutaten vorzubereiten.
- Eine Zitruspresse.
- Ein großes Küchensieb oder Abtropfsieb, in dem gewaschenes Obst und Gemüse, gequollene Mandeln und Cashewkerne abtropfen können.
- Ein kleines, feinmaschiges Sieb, in dem Sie zum Beispiel Sprossen und Keimlinge abbrausen.
- Ein Keimgerät, um Sprossen und Keimlinge zu züchten (näheres dazu finden Sie ab Seite 21).

MIXEN AUS DEM STAND

Das Herzstück der veganen Rohkostküche ist jedoch ein Mixgerät. Meist wird ein Standmixer oder, wie man neudeutsch sagt, ein Blender verwendet. Diese Geräte bestehen aus zwei Teilen: Im Standfuß ist der Elektromotor untergebracht, der in verschiedenen Geschwindigkeitsstufen betrieben werden kann. Auf den Standfuß wird ein aus Edelstahl, Glas oder transparentem Kunststoff gefertigter, kratzfester Becher gesetzt. Auf dem Boden des Behälters befinden sich drei-, vier- oder sechsflügelige Edelstahlmesser oder Schneidsysteme mit zwei mehrflügeligen Messern, die durch den Elektromotor angetrieben werden und bei Betrieb schnell rotieren. Dadurch werden flüssige und halbfeste, bei leistungsstarken Geräten auch harte (wie zum Beispiel Nusskerne oder Mandeln, gewürfelter Kürbis, Rosenkohlröschen) oder gefrorene Zutaten (gefrorene Früchte, Eiswürfel) blitzschnell vermischt und püriert. Wichtig ist ein gut schließender Deckel, damit die Flüssigkeit nicht aus dem Becher spritzt. Im Deckel befindet sich oft mittig eine Nachfüllöffnung, durch die Flüssigkeiten oder weitere Zutaten auch bei Betrieb des Gerätes eingefüllt werden können.

Vor ein paar Jahren zählte ein Standmixer oder Blender noch zu den »Exoten« der Küchenausstattung. Inzwischen gibt es sehr viele unterschiedliche Geräte auf dem Markt, zum Teil mit erheblichen Qualitäts- und Preisunterschieden. Die Preisspanne reicht von gut 20, 30 bis über 700 Euro. Was ist diesbezüglich also »Top« und was eher ein »Flop«?

Leider lässt sich auf diese Frage keine eindeutige, für alle Situationen verbindliche Antwort geben. Welcher Standmixer zu Ihnen passt, hängt nicht nur vom Preis beziehungsweise Ihrem Kontostand ab. Wenn Sie einen Mixer kaufen möchten, ist es wichtig vorher zu überlegen, was Sie mit diesem Gerät zubereiten möchten. Wenn Sie gelegentlich reine Fruchtsmoothies aus weichen Früchten, Fruchtsmoothies, die mit viel Flüssigkeit verrührt werden, oder (Pflanzen-)Milchshakes mixen möchten, reicht meist ein relativ preiswertes Gerät aus. Möchten Sie dagegen Smoothies oder Zubereitungen aus dem Mixer kreieren, bei denen auch harte Zutaten wie Nüsse oder Mandeln, Eiswürfel, gefrorene Früchte und vor allem Gemüse zerkleinert werden müssen, lohnt sich die Anschaffung eines teureren Gerätes. Teurere und damit hochwertigere Standmixer haben einen stärkeren Antrieb (leistungsstarke Geräte haben bis zu 1500 Watt), eine stabilere Kupplung sowie schärfere und stabilere Messer als ein Mixer aus dem Niedrigpreissegment.

Ein guter Indikator, ob das Gerät es auch mit faserigem Gemüse oder Kräutern aufnehmen kann, ist die Umdrehungszahl pro Minute. Geräte mit genügend »Power« schaffen gut 10 000 bis 18 000 Umdrehungen pro Minute, die (zugegeben sehr teure) Königsklasse liegt im Turbobetrieb bei weit über 30 000 Umdrehungen. Bei dieser Leistung werden selbst die relativ harten und faserreichen Blätter von Grünkohl, Wirsing, die grünen Blätter von Kohlrabi und Roter Bete, Wildkräuter wie Brennnessel oder Löwenzahn und sogar Rosenkohlröschen fein cremig püriert, ohne dass im fertig gemixten Smoothie oder in der Suppe noch faserige Stücke schwimmen.

Ein weiterer Vorteil ist, dass diese Geräte auch gestartet werden können, wenn sich im Mixbehälter bereits Eiswürfel, festere Früchte oder festeres Gemüse befinden. Schwächeren Standmixern macht man damit leicht den Garaus. Damit sie nicht blockieren oder heiß laufen, gibt man bei diesen Geräten zuerst die weichen und flüssigen Zutaten in den Mixbehälter und fügt die (am besten gut zerkleinerten) stückigen oder härteren Zutaten erst nach und nach hinzu. Sollten diese nach gründlichem Mixen noch immer nicht genügend zerkleinert sein, hilft es, wenn man etwas zusätzliche Flüssigkeit nachfüllt.

Damit der Standmixer bei Betrieb nicht unkontrolliert durch die Küche wandert, sollte er stabil gebaut sein und sicher stehen. Auch Gummifüße, die am Boden des Standfußes angebracht sind, verhindern, dass sich der Mixer selbstständig macht. Außerdem tragen sie dazu bei, den oft beachtlichen Geräuschpegel, den die meisten Geräte während des Betriebes entwickeln, zu dämpfen.

Wichtig ist natürlich auch die Handhabung. Der Mixbehälter sollte groß genug sein, sodass man alle Zutaten ohne Mühe einfüllen kann. Außerdem sollte er sich gut auf den Standfuß aufsetzen lassen und damit sicherstellen, dass der Verschluss und die Dichtung richtig arretieren. Alle Hausfrauen und Hausmänner erfreut es auch, wenn man nicht nur den Mixbehälter und Deckel, sondern möglichst viele Teile des Gerätes in der Spülmaschine reinigen kann. Weil sich gerade bei der Zubereitung von Mandelmus, Nussmusen oder Pestos mitunter hartnäckige Reste an und unter den Messern festsetzen, sind solche Geräte, bei denen man die Messer zur Reinigung aus dem Mixbehälter nehmen kann, eine deutliche Erleichterung. Damit man sich dabei nicht verletzt, sollte man jedoch sehr vorsichtig vorgehen und auf keinen Fall Kinder mit diesem »Job« beauftragen. Weil manche Geräte auch ohne aufgesetzten Deckel eingeschaltet werden können und die Hackmesser dann ungeschützt laufen, sollte man Sorge tragen, dass Kinder sich vom Gerät fernhalten. Ob man spezielle, vollautomatische Programme für die einzelnen Funktionen (zum Beispiel für Smoothies, zum Zerkleinern, zum Eiszerstoßen) und elektronische Sensortasten braucht, ist Geschmackssache. Mir persönlich sind große Drehschalter, mit denen ich das Gerät stufenlos regeln kann, lieber. Aber in dieser Hinsicht sollen Sie natürlich selbst entscheiden.

EINE KÜCHENMASCHINE ALS ALTERNATIVE ZUM STANDMIXER

Nachdem ich an jenem denkwürdigen Sonntagnachmittag auf der Couch das erste Rezept für veganes Rohkosteis entdeckt und mich daraufhin auch in Sachen Smoothies schlau gemacht hatte, war meine Küchenmaschine, die zu dem Zeitpunkt bereits mehr als 20 Jahre auf dem Buckel hatte, im Dauereinsatz. Was ihr nicht geschadet hat, denn sie leistet mir auch heute noch treue Dienste. Mittlerweile hat sie jedoch Unterstützung durch einen Standmixer bekommen. Fragen Sie sich gerade vielleicht, warum ich Ihnen dies kundtue?

Falls Sie noch keinen Standmixer oder Blender, aber bereits eine Küchenmaschine ihr Eigen nennen, möchte ich Sie ermutigen, auszuprobieren, ob sich nicht auch damit schön cremige Smoothies und Co. zubereiten lassen. Der Mixbehälter oder (wie er im Fachjargon auch bezeichnet wird) der Arbeitsbehälter der Küchenmaschine ist nämlich ebenfalls mit schnell rotierenden Edelstahlmessern versehen, die auf der höchsten Geschwindigkeitsstufe oder Impulsfunktion gute bis sehr gute Zerkleinerungsdienste leisten. Suchen Sie sich doch einfach ein Rezept aus dem Buch aus, stellen Sie die notwendigen Zutaten zusammen und machen Sie einen »Testmix«. Bitte beachten Sie, dass es mitunter beim Mixen und Zerkleinern mit der Küchenmaschine notwendig ist, etwas mehr Flüssigkeit als in den Rezepten ab Seite 42 angegeben hinzuzufügen und gefrorene Fruchtstücke zur Eisbereitung länger als nur 10 Minuten antauen zu lassen.

Der Vorteil einer Küchenmaschine liegt darin, dass die meisten Geräte neben dem Mixen durch entsprechendes Zubehör im Küchenalltag viele Funktionen erfüllen können. So muss man zum Schneiden, Reiben und Raspeln, Mahlen, Teiganrühren, Pressen von Zitrusfrüchten etc. nicht noch weitere Geräte anschaffen, die den meistens eh schon knapp bemessenen Platz in der Küche belegen.

Wenn Sie die Neuanschaffung einer Küchenmaschine planen, können Sie überlegen, ob ein Kombigerät für Sie die richtige Wahl ist. Bei Kombigeräten wird neben dem Arbeitsbehälter zum Schneiden, Reiben, Raspeln, Mahlen oder Teiganrühren noch ein separater Mixbehälter mitgeliefert, den man anstatt des Arbeitsbehälters aufsetzen kann und der ebenfalls vom Motor der Küchenmaschine angetrieben wird. So müssen Sie nur einmal investieren und bekommen dafür quasi zwei Geräte. Wie bei der Anschaffung eines Standmixers sollten Sie auch bei einer Küchenmaschine darauf achten, dass Sie ein hochwertiges, solides und damit langlebiges Gerät mit einem leistungsstarken Motor erwerben.

PROBLEMLÖSUNGEN BEIM MIXEN

Theoretisch sollte immer alles wie geschmiert laufen: Man gibt die notwendigen Zutaten in den Mixbehälter, schaltet das Gerät ein und kann eine Minute später einen leckeren Smoothie trinken und eine Suppe oder ein Dessert auftischen. In der Praxis steht man dann mitunter ratlos vor seinem Mixgerät und fragt sich, wie aus dem Inhalt des Behälters noch etwas Passables werden soll. Um im Fall eines »Mixnotstandes« Abhilfe zu schaffen, hier einige der häufig auftretenden Probleme und deren Lösungen:

Der Mixer mixt zuerst reibungslos, kommt dann aber ins Stocken. Die Zutaten werden nicht mehr weiter oder nicht genügend zerkleinert.
Es kann sein, dass sich die größeren Stückchen der gemixten Masse im unteren Bereich des Mixbehälters, in dem die Messer sitzen, verhakt haben. Schalten Sie das Gerät aus und rühren Sie vorsichtig mit einem Kunststoffspatel um. Manchmal bildet sich, gerade beim Zubereiten von Eis aus gefrorenen Früchten oder wenn sehr sämige Speisen zubereitet werden, im unteren Bereich des Mixbehälters eine größere Luftblase, die ebenfalls alles zum Stocken bringt. Wenn sich trotz des Umrührens keine Besserung zeigt, fügen Sie noch etwas Flüssigkeit hinzu und rühren Sie vor dem weiteren Mixen nochmals mit dem Spatel um, damit sich die Flüssigkeit gleichmäßig verteilt und auch den unteren Bereich des Mixbehälters erreicht.

Beim Mixen wird ein Teil der Zutaten gegen die Wände des Mixbehälters geschleudert und setzt sich dort ab. Die Messer laufen ins Leere.
Die passiert vor allem, wenn kleinere Mengen zerkleinert werden und bei der Zubereitung von Mandelmus und Nussmusen. Abhilfe besteht darin, dass man bei ausgeschaltetem Gerät die Masse mit einem Kunststoffspatel von den Gefäßwänden wieder nach unten in Richtung der Messer drückt. Bei der Herstellung von Nussmusen oder Pestos kann dies ein paarmal notwendig sein. Auch das Hinzufügen von ein wenig mehr neutralem Pflanzenöl (bei Nussmusen und Pestos) beziehungsweise Wasser oder Pflanzendrink (bei Saucen, Dips und Desserts) sorgt dafür, dass die Masse unten im Mixbehälter bleibt.

Der Mixer kommt ins Stocken und streikt dann vollends.
Die meisten Mixer haben einen Überlastungsschutz, der sicherstellt, dass das Gerät nicht heiß läuft. Gönnen Sie dem Gerät ein paar Minuten Pause, damit es abkühlen kann. An manchen Geräten ist für den Fall der Überlastung am Standfuß ein Schalter angebracht, der nach dem Abkühlen erneut aktiviert werden muss. Bitte entnehmen Sie der Bedienungsanleitung Ihres Gerätes, wie Sie vorgehen müssen.

Mandeln, Nüsse, Sonnenblumenkerne und Samen werden im Mixbehälter zwar zerkleinert, es entsteht aber kein cremiges Mus.
Dieses Problem tritt mitunter bei nicht so leistungsstarken Geräten auf. Fügen Sie esslöffelweise noch etwas zusätzliches, neutral schmeckendes Pflanzenöl hinzu, bis die Messer wieder greifen und sich langsam eine cremige Konsistenz entwickelt. Oft hilft es auch, die Nussmasse kräftig mit einem Spatel durchzurühren.

Bei manchen Geräten muss man gerade bei der etwas länger dauernden Zubereitung von Nussmusen durch Reibungseffekte mit einer gewissen Wärmeentwicklung rechnen. Damit die fertigen Nussmuse und das Mandelmus den Kriterien der Rohkost entsprechen, sollte man darauf achten, dass sich die Nussmasse im Mixbehälter nicht über 40 Grad Celsius erhitzt. Legen Sie bei der Zubereitung also ein paar kleine Pausen ein, in denen die Nussmasse und das Gerät abkühlen können.

Der Mixer blockiert beim Zerkleinern von gefrorenen Fruchtstücken oder großen Eiswürfeln.
Tritt dieses Problem auf, lässt man die Früchte noch ein paar Minuten antauen oder gießt noch etwas Flüssigkeit dazu. Große Eiswürfel zerkleinert man, sofern man kein leistungsstarkes Gerät besitzt, am besten nicht mit dem Mixer, sondern vorher mit der Hand. Dazu schlägt man die Eiswürfel in ein sauberes Geschirrtuch ein oder gibt sie in einen Gefrierbeutel, den man mit einer Klemme verschließt. Nun klopft man die Eiswürfel mit einem Nudelholz klein. Für alle, die Getränke mit viel zerstoßenem Eis lieben, lohnt sich die Anschaffung einer Eismühle *(Ice Crusher)*. Auch hier sollte man nicht am falschen Ende sparen und besser ein höherwertiges, stabiles Gerät kaufen.

MANCHMAL REICHT AUCH EIN PÜRIERSTAB

Ein Pürierstab kommt, im Gegensatz zu den Standmixern oder Küchenmaschinen, schmal und platzsparend daher. Wenn Sie nur einen kleinen Küchenbereich zur Verfügung haben oder nicht in ein großes Gerät investieren möchten, können Sie, wenn Sie die nachfolgenden Tipps beherzigen, viele Smoothies und Co. auch mit einem leistungsstarken Pürierstab herstellen.

Weiche, reife Früchte wie Aprikosen, Bananen, Erdbeeren, Kirschen, Melonen, Mangos, Pfirsiche, Nektarinen und Zwetschgen lassen sich, wenn man sie vorher mittelfein zerkleinert, unter der Zugabe von etwas Flüssigkeit auch mit dem Pürierstab mühelos pürieren. Beerenobst wie Heidelbeeren, Johannisbeeren, Brombeeren und Himbeeren sind für den Pürierstab in der Regel auch kein Problem. Erdbeeren, Stachelbeeren und Weintrauben werden vor dem

Pürieren am besten halbiert. Äpfel, Birnen und noch nicht vollreife Kakifrüchte sollten etwas feiner gewürfelt oder geschält verwendet werden. Geschälte Orangen und Grapefruits teilt man am besten in Spalten. Wichtig ist, dass das Obst beim Pürieren immer mit etwas Flüssigkeit bedeckt ist.

Harte Zutaten wie Mandeln oder Nusskerne zerkleinert oder mahlt man besser vorher separat und gibt sie erst zum Schluss mit in das Rührgefäß, wo alles nochmals kräftig mit dem Pürierstab durchgemixt wird.

Doppelt praktisch sind solche Pürierstäbe, zu deren Lieferumfang ein Universal-Zerkleinerer gehört. Die kleinen, platzsparenden Behälter sind ebenfalls mit scharfen, rotierenden Messern ausgestattet und werden dadurch angetrieben, dass man den Motorblock des Pürierstabs auf das im Deckel des Universal-Zubereiters eingearbeitete Scharnier aufsetzt. Im Universal-Zerkleinerer werden kleinere Mengen von Nüssen, Kernen, Mandeln wie auch von Zwiebeln, Knoblauch, frischen Kräutern und festerem Gemüse mühelos fein gehackt. Bei der Zubereitung von leckeren Smoothies und Co. gibt man die frisch zerkleinerten härteren Zutaten am besten zu den ebenfalls bereits zerkleinerten weicheren Zutaten ins Rührgefäß. Dann mixt man alles mit dem Pürierstab nochmals so lange gründlich durch, bis eine feine Creme entstanden ist.

Mandeln, Nüsse, Sonnenblumenkerne, getrocknete Datteln und Feigen lassen sich besser (sowohl mit dem Pürierstab als auch mit anderen Mixgeräten) in Smoothies und Co. einarbeiten, wenn man sie vorher etwa zwölf Stunden in Wasser einweicht. Alle Arten von Gemüse (außer Avocado) sollten vor dem Pürieren mit dem Pürierstab von Hand fein zerkleinert werden. Damit der Pürierstab nicht überfordert wird, sollte man härtere Zutaten wie auch festeres Gemüse in zwei bis drei Portionen pürieren und dabei etwas mehr Flüssigkeit als im Rezept angegeben verwenden.

Grüne Smoothies werden mit dem Pürierstab nicht ganz so fein cremig wie bei der Verwendung eines leistungsstarken Standmixers oder einer hochwertigen Küchenmaschine, sodass sich in der fertig gemixten Zubereitung meist noch ein paar kleine Fruchtstückchen oder Gemüsefasern befinden. Dabei handelt es sich allerdings höchstens um einen optischen Mangel. Dem Geschmackserlebnis schadest das meistens nicht!

Große Eiswürfel stellen für den Pürierstab ein Problem dar. Deshalb sollten Sie sich bei der Zubereitung der Rezepte, in denen Eiswürfel benötigt werden, nicht an der vorgeschlagenen Anzahl an Eiswürfeln, sondern an der ebenfalls im Rezept angegebenen Grammzahl orientieren. Anstelle von zum Beispiel drei großen Eiswürfeln verwenden Sie also besser 110 Gramm fein zerstoßenes Eis oder Sie fügen 110 Gramm Eiswasser hinzu. So werden Smoothies auch bei der Zubereitung mit dem Pürierstab schön frisch und kühl.

KLEINE WARENKUNDE

Als ich anfing, mich mit Rohkost zu beschäftigen, waren viele Dinge für mich noch neu. Vielleicht geht es Ihnen ja genauso. Deshalb möchte ich Ihnen im Folgenden in einer kleinen Warenkunde erklären, wie Sie bestimmte Zutaten handhaben und verwenden können und was Sie dabei beachten sollten.

AGAVENDICKSAFT

Agavendicksaft ist ein natürliches Süßungsmittel, das aus dem Pflanzensaft der Agave gewonnen wird. Das ursprüngliche Verbreitungsgebiet der Agave hat seinen Schwerpunkt in Südmexiko. Dort wird ihr Saft schon lange von Menschen genutzt. Zur Saftgewinnung wird der mittig aus der Blattrosette der Pflanze wachsende Blütenstand vor dem Verblühen abgeschnitten und der austretende Saft gesammelt, gefiltert und, sofern es sich um Agavendicksaft in Rohkostqualität handelt, bei Temperaturen unter 45 Grad Celsius eingedickt. Der klare, hell bernsteinfarbene Saft hat eine hohe, neutrale Süße und löst sich auch in kalten Speisen gut.

CASHEWKERNE

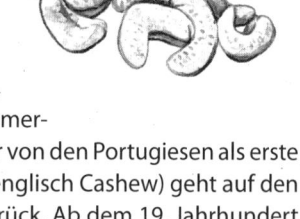

Die gerade in der veganen Rohkostküche so vielseitig einsetzbaren Cashewkerne werden aus der Cashewnuss gewonnen. Die Cashewnuss ist, im botanischen Sinn, gar keine Nuss, sondern die Frucht des Kaschubaums. Dieser immergrüne Laubbaum ist in Brasilien heimisch, wo er von den Portugiesen als erste Europäer entdeckt wurde. Der Name Kaschu (englisch Cashew) geht auf den portugiesischen Namen Caju oder Cajueiro zurück. Ab dem 19. Jahrhundert wird der Kaschubaum in Plantagen angebaut, heute vor allem in Mosambik, Tansania, Kenia, Indien und Brasilien. Die Cashewnuss ist ein Anhängsel des ebenfalls essbaren Cashewapfels. Die Cashewäpfel sind, botanisch gesehen, die Verdickungen des Fruchtstiels. Sie tragen im Inneren keine Samen und sind damit Scheinfrüchte. Die Samen des Kaschubaums stecken in der Cashewnuss, also in der eigentlichen Frucht, und hängen unten am Cashewapfel. Eine Cashewnuss enthält einen einzigen Samen. In der Nussschale befindet sich ein giftiges Öl, das meist durch Hitze (Abflammen, Destillieren in Wasserdampf, Rösten in Kaschu-Schalenöl) entfernt wird. Durch die Hitzeeinwirkung werden auch die Schalen brüchig und können leichter geknackt werden, um den Kern aus dem Inneren zu lösen. Bei Cashewkernen, die in Rohkostqualität hergestellt werden, wird darauf geachtet, dass die Kerne beim Rösten der Schalen nicht über 40 Grad Celsius erhitzt werden. Die feine, braune Samenhaut, die den Kern umhüllt, wird meist vorsichtig von Hand entfernt.

Der Fettgehalt von Cashewkernen ist mit etwa 46 Prozent nicht ganz so hoch wie bei anderen Nüssen, der hohe Anteil an ungesättigten Fettsäuren macht sie für eine gesunde Ernährung jedoch besonders wertvoll. Cashewkerne liefern außerdem wertvolle Vitamine der Vitamin-B-Gruppe und Mineralstoffe, vor allem Kalzium und Magnesium, aber auch Kalium, Zink und Eisen.

Cashewkerne sind mehr als nur ein nussiger Snack. Gerade in der Rohkostküche finden sie wegen ihres milden Geschmacks vielfältige Verwendung. Wenn man sie etwa zwölf Stunden in Wasser einweicht, das Wasser nach dem Einweichen abgießt und die Cashewkerne im Mixer fein püriert, ergibt sich eine wunderbar helle, streichbare Creme.

Die Cashewcreme kann süß oder auch pikant abgeschmeckt oder den Speisen zugegeben werden, um deren Sämigkeit und Cremigkeit zu erhöhen. Auch Rohkosteis lässt sich auf der Basis von Cashewkernen herstellen. Mit etwas neutral schmeckendem Pflanzenöl können Cashewkerne zu feinem Cashewmus püriert werden. Das Rezept dafür finden Sie auf Seite 95.

CHIASAMEN

Chiasamen sind klein, oval geformt, hellbeige bis schwarz gefärbt und erinnern auf den ersten Blick an Mohnsamen. Auf den ersten Biss erkennt man allerdings, dass sie im Mund »knuspriger« und vom Geschmack her milder als Mohnsamen sind.

Chiasamen werden von der Chiapflanze *(Salvia hispanica)* gewonnen, die botanisch zur Familie der Lippenblütler gehört und früher hauptsächlich in Mexiko und Guatemala, wo das Wort Chia der Nahuatl-Sprache entnommen wurde, vorkam. Dort wurden die kleinen Samen aufgrund ihrer energiespendenden und gesundheitsfördernden Eigenschaften schon von den Mayas und Azteken geschätzt. Angeblich sind die außergewöhnlichen Leistungen der aztekischen Krieger und Langstrecken-Nachrichtenläufer auf den Verzehr von Chiasamen zurückzuführen.

Heute schwören nicht nur Athleten auf Chiasamen, sondern viele Menschen rund um den Globus, die ihrer Gesundheit etwas Gutes tun wollen. Denn die kleinen Samen, die inzwischen in Zentralmexiko und Guatemala sowie in mehreren Ländern Südamerikas und in Australien produziert werden, liefern wertvolle Vitamine (Vitamin A, B-Vitamine) und Mineralstoffe (z. B. Kalzium, Kalium, Zink) sowie wichtige Antioxidantien und Ballaststoffe. Außerdem enthalten sie bis zu 38 Prozent Chiaöl, das ähnlich positive Eigenschaften wie Leinöl aufweist.

Wenn man die Samen in Wasser oder anderen Flüssigkeiten einweicht, quellen sie deutlich auf, sodass sie in Saucen, Suppen, Puddings und Getränken als Verdickungsmittel eingesetzt werden können. Damit sie ihre Quellwirkung voll entfalten können, sollten die mit Chiasamen zubereiteten Speisen mindestens drei Stunden, besser noch über Nacht quellen. Die Samen können außerdem Salaten, Müsli und Brot beigegeben werden. Auch in Smoothies schmecken sie, mit den anderen Zutaten im Mixer fein zerkleinert, sehr lecker.

Leider sind die kleinen Kraftpakete hierzulande noch nicht sehr bekannt, sodass man sie nur in sehr gut sortierten Reformhäusern, Naturkostfachgeschäften und im Versand-Fachhandel kaufen kann.

GOJIBEEREN

Die hübschen, leuchtend roten oder orangegelben, länglichen Beeren, die man frisch vom Strauch, gekocht oder getrocknet, als Saft oder als Extrakt verzehren kann, sind hierzulande noch nicht sehr bekannt. Das ist schade, denn die Gojibeeren haben eine Fülle wertvoller Inhaltsstoffe zu bieten. Sie sind prall gefüllt mit Vitamin C, Vitamin A, Vitamin B_1 und B_2, Mineralstoffen (Magnesium, Eisen, Zink), verschiedenen Aminosäuren und Antioxidantien. Deshalb werden sie in China nicht nur in der Küche verwendet, sondern sind auch Bestandteil der Traditionellen Chinesischen Medizin.

Gojibeeren sind die Früchte des Bocksdorns, eines sommergrünen Strauches, der bis zu vier Meter hoch werden kann, wenig Ansprüche an den Standort stellt und sehr winterhart ist, sodass er als Kulturpflanze inzwischen in vielen Regionen dieser Welt heimisch wurde. Im englischsprachigen Raum ist der Gemeine Bocksdorn als Wolfberry oder Goji bekannt, hierzulande spricht man auch von Chinesischer Wolfsbeere oder Gemeinem Teufelszwirn – Letzteres wahrscheinlich wegen der vielen Stacheln, die der Strauch trägt. Wenn man den Gemeinen Bocksdorn im eigenen Garten anbauen möchte, kann man ihn aus Samen ziehen, Ableger von herabhängenden Zweigen bilden oder den Strauch in einer Baumschule erwerben. Nach dem Pflanzen muss man sich allerdings in Geduld üben, bis im dritten Jahr endlich die ersten Früchte reif sind.

Beim Kauf der Beeren sollte man unbedingt auf Bioqualität achten, da konventionelle Ware oft mit Pestiziden belastet ist. Getrocknete Gojibeeren kann man als kleinen fruchtigen Snack naschen oder in Süßspeisen und Smoothies integrieren. Besonders hübsch sieht es aus, wenn man süße Rohkostsuppen, Desserts oder Eis vor dem Servieren mit ein paar mittelfein gehackten, getrockneten Gojibeeren überstreut.

HANFSAMEN

Hanf, eine einjährige, krautige Pflanze, deren grüne, spitz zulaufende Blätter handförmig zusammengesetzt sind, wird schon seit Jahrtausenden als Nutzpflanze angebaut. Bereits im frühen chinesischen Kaiserreich schätzte man die wohlschmeckenden Samen als wertvolles Nahrungsmittel und Heilmittel zugleich. Auch im antiken Griechenland wie im Römischen Reich wurde Hanf zur Linderung von Schmerzen genutzt.

Aus den robusten und vor allem gegen Wasser widerstandsfähigen Fasern des Nutzhanfes stellte man früher Seile, Taue und Takelagen für Schiffe, aber auch Papier und Kleidung her. Im Laufe der Industrialisierung wurden andere Verfahren und Rohstoffe zur Herstellung von Fasern und Papier entdeckt, sodass die Hanffasern durch Baumwolle, Holz, Jute und später auch durch synthetische Fasern verdrängt wurden. Weil einige Sorten der Hanfpflanze zudem als Grundlage für halluzinogene Drogenpräparate wie Haschisch und Marihuana dienen, wurde der Hanfanbau nach dem Zweiten Weltkrieg hierzulande unter Strafe gestellt.

Inzwischen ist der kontrollierte Hanfanbau in allen Ländern der Europäischen Union sowie in Kanada und Australien für ausgewählte Sorten von Faser- oder Nutzhanf, die THC-arm sind (also praktisch keine psychoaktiven Substanzen in sich tragen), wieder erlaubt. In den letzten Jahren erlebt der Nutzhanf nicht nur als nachwachsender Rohstoff für Dämm- und Isolierstoffe, sondern auch als hochwertiges Nahrungsmittel eine Renaissance.

Die »Früchte« der Hanfpflanze werden als Hanfsamen oder Hanfnüsse bezeichnet. Die drei bis vier Millimeter großen, braunen bis grüngrauen Samen des Speisehanfes schmecken nussartig und können fein vermahlen als Hanfmehl oder gepresst als Hanföl, pur zum Knabbern, zum Verfeinern von Salaten, Gemüsegerichten, Süßspeisen und Smoothies verwendet werden. Wenn man sie im Mixer unter der Zugabe von ein wenig mildem Speiseöl fein zerkleinert, enthält man wohlschmeckendes Hanfsamenmus (siehe Seite 98). Mit Wasser lassen sich die ungeschälten wie auch geschälten Samen des Speisehanfs zu einer milchartigen Flüssigkeit vermixen (das Rezept dazu finden Sie auf Seite 97.) Der Hanfdrink kann als Getränk oder zur Zubereitung von herzhaften wie auch süßen kalten Speisen verwendet werden).

Hanfsamen sind reich an leicht verdaulichen Proteinen und mehrfach ungesättigten Fettsäuren. Neben acht essentiellen Aminosäuren stecken außerdem wichtige Vitamine und Mineralstoffe in den kleinen, gehaltvollen Samen.

Ungeschälte und geschälte Hanfsamen (die deutlich teurer als die ungeschälten sind) erhalten Sie in gut sortierten Reformhäusern, Naturkostfachgeschäften und im Versandhandel. Geschälte Hanfsamen sind weißlich und schmecken deutlich milder als die ungeschälten Samen.

KAKAONIBS

Kakao und Kakaonibs werden aus den Samen von Kakaobäumen gewonnen, die aufgrund ihrer klimatischen Anforderungen in tropischen Gebieten bis etwa 20 Grad nördlicher und südlicher Breite angebaut werden. Die Kakaofrüchte werden bei der Ernte mit langen Pflückmessern vorsichtig vom Baum getrennt und danach mit Macheten geöffnet, um das weiße Fruchtfleisch und die darin eingebetteten Bohnen aus der Schale zu holen. Danach werden die Bohnen mit dem Fruchtfleisch zur Fermentation auf Bananenblättern ausgebreitet und mit einer weiteren Schicht Blättern abgedeckt. Eine andere Fermentationsmethode besteht darin, die Bohnen mit dem Fruchtfleisch in große Fässer, Körbe oder Holzkisten zu legen. Während der Fermentation, die je nach Kakaosorte zwei bis sieben Tage dauert, wird das Fruchtfleisch von der Bohne getrennt. Die Bohnen können außerdem kurz keimen, werden durch die stetig bei der Fermentation ansteigenden Temperaturen dann aber abgetötet. Durch die Fermentation nehmen sie ihre typische braune Farbe an und das erwünschte Schokoladenaroma beginnt sich zu entwickeln.

Bei der Herstellung von Kakaobohnen in Rohkostqualität wird darauf geachtet, dass die Temperatur bei der Fermentation nicht über 45 Grad Celsius ansteigt. Die fermentierten und vom Fruchtfleisch befreiten Bohnen werden nun geschält und in kleine Stückchen gebrochen, die Nibs genannt werden. Sie duften zart nach dunkler, herb bitterer Schokolade, haben aber einen deutlich milderen Geschmack. Kakaonibs verleihen Smoothies, Eis und Desserts entweder als ganze Nibs oder in einer Gewürzmühle oder Kaffeemühle fein vermahlen einen köstlichen Schokogeschmack. Außerdem sind sie eine knusprige, gesunde Nascherei für zwischendurch, da sie neben Magnesium noch andere wertvolle Mineralstoffe enthalten.

Kakaonibs werden aus Fairem Handel in Weltläden oder im Versandhandel angeboten. Sie sollten trocken, nicht zu warm und am besten in einem dunklen, verschließbaren Glas oder in einer Dose mit Deckel gelagert werden. Bei richtiger Lagerung sind sie bis zu sechs Monate haltbar.

MOHNSAMEN

Zum Beginn des Frühsommers erfreuen uns die leuchtend roten Blüten des Klatschmohns *(Papaver rhoeas)* auf Feldern und an Wegesrändern. In die Küche gelangen die Samen dieser wild wachsenden Mohnart jedoch nicht. Speisemohn, also die als Lebensmittel genutzten Mohnsamen, werden vom Schlafmohn *(Papaver somniferum)* gewonnen. Der Anbau von Mohn wird streng staatlich kontrolliert, weil unverarbeiteter Mohn Morphine und Kodeine in unterschiedlicher Höhe und Zusammensetzung enthält und aus dem getrockneten Saft des Schlafmohns Opium gewonnen werden kann.

Die Mohnsamen sind im Vergleich zu den krautigen Teilen der Pflanze nahezu morphinfrei. Wird der Speisemohn richtig geerntet und verarbeitet, kommt er nicht mit milchsaftführenden Pflanzenteilen in Berührung. Er enthält nur geringe, das heißt für die Gesundheit nicht schädliche Mengen an Morphin und Kodein und entspricht damit den für Lebensmittel geltenden Richtlinien. Damit ist der Genuss von reifen Mohnsamen ohne Bedenken möglich, sodass man die kleinen, blauschwarzen Samen öfter einmal in kleinen Mengen in den Speiseplan integrieren sollte. Denn Mohn ist gerade bei der veganen Ernährung ein wichtiger Lieferant von Kalzium, Eisen, Kalium und Magnesium sowie von ungesättigten Fettsäuren. Außerdem harmoniert er, entweder als Ganzes verwendet oder fein gemahlen, mit vielen süßen wie auch herzhaften Speisen. Gemahlener Mohn kann auch dazu dienen, Suppen, Desserts und Smoothies ein wenig anzudicken. Dabei sollte man darauf achten, den Mohn erst kurz vor dem Gebrauch zu mahlen oder direkt mit in den Mixer zu geben, weil das im Mohn enthaltene Fett durch den Kontakt mit der Luft leicht oxidiert und schnell ranzig werden kann. Ungemahlener Mohn ist, wenn man in kühl und trocken aufbewahrt, länger haltbar.

Alles in allem ist Mohn also ein wertvolles wie auch schmackhaftes Lebensmittel, das in geringen Mengen nicht schädlich, sondern durch die wertvollen Inhaltsstoffe eher der Gesundheit förderlich ist. Dennoch sollten Sie selbst entscheiden, ob und in welchem Maße Sie rohe und unverarbeitete Mohnsamen verzehren und in Ihre Köstlichkeiten aus dem Mixer integrieren möchten.

Beachten Sie bitte, dass Schwangere und Kleinkinder auf Mohnsamen besonders empfindlich reagieren. Deshalb sollten sie vorsichtshalber auf den Verzehr der Samen verzichten.

Wenn Sie unsicher sind oder den Verzehr von Mohnsamen ablehnen, können Sie Rezepte, in denen Mohn verwendet wird (die Mohnmilch von Seite 100 und das Mohndressing von Seite 85 sind davon jedoch ausgenommen), durch die gleiche Menge an Chiasamen oder gemahlenen Nusssamen variieren. Rückstände von gesundheitsgefährdendem Morphin und Kodein können auch durch das Waschen der Mohnsamen mit heißem Wasser oder durch das kurze Anrösten in der Pfanne teilweise abgebaut werden. Danach sind die Mohnsamen natürlich nicht mehr roh, aber Sie befinden sich, was den Verzehr von Mohn angeht, auf der sicheren Seite.

HINWEISE ZU DEN REZEPTEN

Soweit nicht anders angegeben, sind die Rezepte für **2 Personen** berechnet. Die Rezepte für die Smoothies ab Seite 42 ergeben in fertig gemixter Form etwa zwei große Saftgläser, das heißt insgesamt etwa 600 Milliliter. Bitte achten Sie bei der Zubereitung auch darauf, dass das Fassungsvermögen Ihres Mixbehälters für mindestens diese Menge ausreicht.

VERWENDETE ABKÜRZUNGEN

EL = Esslöffel
TL = Teelöffel
MSP = Messerspitze
Esslöffel und Teelöffel sind beim Messen stets gestrichen gefüllt.

MENGE DER GEWÜRZE

Die Angaben zur Menge der verwendeten Gewürze, Kräuter, des Knoblauchs, der Zwiebeln wie auch der Süßungsmittel wie Agavendicksaft, Dattelsirup und Zucker dürfen Sie als Richtwerte verstehen. Entscheiden Sie bitte im Einzelfall, was Ihnen schmeckt und bekommt und wie viel Sie davon verwenden möchten.

DIE ZUTATEN

Bitte beachten Sie, dass alle Rezepte ab Seite 42 so ausgelegt sind, dass bei der Zubereitung bis auf ein paar wenige Rezepte, in denen die Bindemittel Johannisbrotkernmehl und Guarkernmehl sowie Hefeflocken und Orangenblütenwasser verwendet werden, ausschließlich pflanzliche und rohköstliche, also unerhitzte Zutaten zum Einsatz kommen.

In einigen Rezepten werden Zutaten wie Agavendicksaft, gemahlene Bourbonvanille, getrocknete Datteln, getrocknete Feigen, getrocknete Aprikosen, getrocknete Tomaten, getrocknete Gojibeeren, Cashewkerne, Kakao, Kakaonibs, Kokosflocken und einige Gewürze verwendet, die es im Handel sowohl in normaler als auch in Rohkostqualität gibt. Bitte entscheiden Sie selbst, welche Variante Sie wählen.

Sollten Sie beim Einkauf unsicher sein, ob ein Produkt tatsächlich rein pflanzlich und roh (also unerhitzt) ist, lesen Sie im Zweifelsfall bitte die Zutatenliste, fragen Sie das Verkaufspersonal oder wenden Sie sich an den Hersteller.

SÜSSE SMOOTHIES

EISKALTER SCHOKOSMOOTHIE

2 Bananen
350 ml Mandelmilch (siehe Seite 99)
3 EL Agavendicksaft
2 ½ EL Kakaopulver
2 MSP gemahlene Bourbonvanille

- Die Bananen schälen, in Scheiben schneiden und für mindestens 12 Stunden einfrieren.
- Die Bananen aus dem Tiefkühlgerät nehmen, in den Mixbehälter geben und etwa 10 Minuten antauen lassen.
- Die verbliebenen Zutaten hinzufügen und alles fein cremig pürieren.

Tipp: *Noch »schokoladiger« schmeckt der Smoothie, wenn Sie 2 EL Kakaonibs (siehe Seite 38) mitpürieren.*

KIWI-MINZE-SMOOTHIE

3 Kiwis
1 Apfel
1 kleine Banane
4 – 5 Blätter Minze
150 ml Wasser
3 große Eiswürfel (etwa 110 g)

- Die Kiwis schälen und grob würfeln.
- Den Apfel vierteln, entkernen und ebenfalls grob würfeln.
- Die Banane schälen und in Scheiben schneiden.
- Die Kiwis, den Apfel und die Banane sowie die Minzeblätter und das Wasser in den Mixbehälter geben.
- Alles fein cremig pürieren.
- Die Eiswürfel hinzufügen und nochmals kurz pürieren.

KÜRBIS-ORANGEN-SMOOTHIE

200 g Kürbisfleisch ohne Schale
2 Orangen
1 kirschgroßes Stück Ingwer
Saft einer halben Zitrone
100 ml Wasser
2 EL Roh-Rohrzucker
½ TL gemahlener Zimt
1 MSP gemahlene Muskatnuss
1 MSP gemahlener Kardamom
3 große Eiswürfel (etwa 110 g)

- Das Kürbisfleisch grob würfeln.
- Die Orangen schälen, in Spalten schneiden und, falls notwendig, die Kerne entfernen.
- Den Ingwer schälen und grob hacken.
- Das Kürbisfleisch, die Orangen und den Ingwer mit den verbliebenen Zutaten außer den Eiswürfeln in den Mixbehälter geben und alles fein cremig pürieren.
- Die Eiswürfel hinzufügen und nochmals kurz pürieren.

Tipp: Nüsse harmonieren gut mit Kürbis wie auch Orange. Deshalb können Sie, wenn Sie möchten, noch 2 EL gemahlene Haselnusskerne oder Walnusskerne oder 2 EL Hanfsamen mit in den Mixbehälter geben. Auch 1 EL Multi-Nussmus zusätzlich (siehe Seite 101) oder Hanfsamenmus (siehe Seite 98) oder Vanille-Haselnussmus (siehe Seite 105) macht sich im Smoothie gut.

MELONEN-APRIKOSEN-SMOOTHIE

1 kleine Galia-Melone
5 Aprikosen
Saft einer halben Zitrone
2 – 3 MSP fein abgeriebene Zitronenschale
1 – 2 EL Agavendicksaft
3 große Eiswürfel (etwa 110 g)

- Die Melone halbieren und entkernen. Danach in Spalten schneiden, die Schale entfernen und das Fruchtfleisch würfeln.
- Die Aprikosen entkernen und grob zerkleinern.
- Die Melonenwürfel mit den Aprikosen, dem Zitronensaft und der Zitronenschale sowie dem Agavendicksaft in den Mixbehälter geben.
- Alles fein cremig pürieren.
- Die Eiswürfel hinzufügen und nochmals kurz pürieren.

Tipp: Statt der Galia-Melone können Sie auch eine Honigmelone verwenden. Noch gehaltvoller wird der Melonen-Aprikosen-Smoothie, wenn Sie zusätzlich 2 – 3 EL gekeimten Weizen, gekeimten Nackthafer oder gekeimte Nacktgerste (siehe Seite 25) mitpürieren.

MELONEN-ERDBEER-SMOOTHIE

½ Galia-Melone oder Cantaloupe-Melone
150 g geputzte Erdbeeren
2 EL frisch gepresster Zitronensaft
2 Blätter Zitronenmelisse
1 – 2 EL Agavendicksaft
3 große Eiswürfel (etwa 110 g)

- Die Kerne im Inneren der Melone entfernen.
- Die Melone in Spalten schneiden, schälen und das Fruchtfleisch würfeln.
- Die Erdbeeren halbieren und mit den Melonenwürfeln, dem Zitronensaft, der Zitronenmelisse und dem Agavendicksaft in den Mixbehälter geben und alles fein cremig pürieren.
- Die Eiswürfel hinzufügen und nochmals kurz pürieren.

Tipp: Süße Erdbeeren und erfrischende Melone. So schmeckt der Sommer!

MIRABELLEN-NEKTARINEN-SMOOTHIE

2 reife Nektarinen
1 kleine Banane
300 g entsteinte Mirabellen
2 – 3 EL Roh-Rohrzucker
4 große Eiswürfel (etwa 150 g)

- Die Nektarinen entkernen und grob würfeln.
- Die Banane schälen und in Scheiben schneiden.
- Die Mirabellen halbieren und mit den Nektarinen, der Banane und dem Zucker in den Mixbehälter geben und alles fein cremig pürieren.
- Die Eiswürfel hinzufügen und nochmals kurz pürieren.

Tipp: *Statt der Nektarinen können Sie auch Pfirsiche verwenden. Noch cremiger wird der Mirabellen-Nektarinen-Smoothie, wenn Sie 2 EL Mandelmus (siehe Seite 95) mitpürieren.*

PIÑA-COLADA-SMOOTHIE

60 g Mandeln
400 g geschälte Ananas
2 – 3 EL Kokosflocken
2 EL frisch gepresster Limettensaft
2 EL Agavendicksaft
1 EL Mandelmus (siehe Seite 95)
1 TL weiches natives Kokosöl (falls vorhanden)
4 große Eiswürfel (etwa 150 g)

- Die Mandeln enthäuten und im Mixbehälter fein zerkleinern.
- Die Ananas würfeln. Mit den Kokosflocken, dem Limettensaft, Agavendicksaft, Mandelmus und Kokosöl ebenfalls in den Mixbehälter geben und alles fein cremig pürieren.
- Die Eiswürfel hinzufügen und nochmals kurz pürieren.

Tipp: Um die Mandeln zu enthäuten, sollten Sie sie 24 Stunden in etwas Wasser quellen lassen. Danach kann man die Häutchen leicht abziehen. Der Piña-Colada- Smoothie sorgt für karibische Gefühle!

ROTE-BEEREN-SMOOTHIE

250 g geputzte und entstielte rote Johannisbeeren
250 g geputzte und halbierte Erdbeeren
Saft einer halben Limette
2 – 3 EL Agavendicksaft
3 große Eiswürfel (etwa 110 g)

- Johannisbeeren, Erdbeeren, den Limettensaft und Agavendicksaft in den Mixbehälter geben und alles fein cremig pürieren.
- Die Eiswürfel dazugeben und nochmals kurz pürieren.

Tipp: Anstelle der roten Johannisbeeren können Sie auch schwarze Johannisbeeren verwenden, wodurch der Smoothie dunkelrot gefärbt wird. An heißen Sommertagen (oder wann immer Sie dazu Lust verspüren) können Sie 3 – 4 Blätter Minze mitpürieren, was dem Smoothie einen zusätzlichen »Frischekick« verleiht.

ROTE-BETE-NUSS-SMOOTHIE

75 g Haselnusskerne
1 kleine Rote Bete (etwa 150 g)
1 kleine Banane
1 kirschgroßes Stück Ingwer
Saft einer halben Zitrone
300 ml Wasser
3 große Eiswürfel (etwa 110 g)

- Die Haselnusskerne im Mixbehälter fein zerkleinern.
- Die Rote Bete schälen und in Würfel schneiden.
- Die geschälte Banane und den geschälten Ingwer in Scheiben schneiden.
- Die Rote Bete mit der Banane, dem Ingwer, Zitronensaft und Wasser in den Mixbehälter geben und alles fein cremig pürieren.
- Die Eiswürfel dazugeben und nochmals kurz pürieren.

Tipp: *Falls Ihnen der Smoothie nicht süß genug ist, können Sie noch ein wenig mehr Agavendicksaft hinzufügen. Richtig sättigend wird der Rote-Bete-Nuss-Smoothie, wenn Sie zusätzlich noch 2 EL Mandelmus (siehe Seite 95), 1 TL Sesammus (siehe Seite 103) und 3 EL gekeimte Quinoasamen (siehe Seite 26) mitpürieren.*

SAHNIGER ERDBEERSMOOTHIE

50 g Cashewkerne
2 EL frisch gepresster Limettensaft
350 g geputzte und halbierte Erdbeeren
2 EL Mandelmus (siehe Seite 95)
4 große Eiswürfel (etwa 150 g)

- Die Cashewkerne mit dem Limettensaft im Mixbehälter fein zerkleinern.
- Die Erdbeeren und das Mandelmus hinzufügen und alles fein cremig pürieren.
- Die Eiswürfel dazugeben und nochmals kurz pürieren.

Tipp: *Falls Ihre Küchenmaschine oder Ihr Standmixer nicht so leistungsstark ist, sollten Sie die Cashewkerne über Nacht in etwas Wasser einweichen. Danach das Einweichwasser abgießen und wie im Rezept beschrieben weiterverfahren.*
Süße, reife Erdbeeren von heimischen Erdbeerfeldern schmecken eigentlich immer und ganz besonders, wenn sie sich, wie in diesem Smoothie, in netter kulinarischer Begleitung befinden.

ZWETSCHGEN-BIRNEN-SMOOTHIE

2 kleine Birnen
250 g entsteinte Zwetschgen
200 ml kalte Mandelmilch (siehe Seite 99)
2 EL Vanille-Haselnussmus (siehe Seite 105)
2 EL Roh-Rohrzucker
⅓ TL gemahlener Zimt
2 MSP gemahlene Gewürznelken
2 MSP gemahlene Bourbonvanille

- Die Birnen vierteln, entkernen und grob würfeln.
- Die Zwetschgen vierteln.
- Die Zwetschgen und Birnen mit den verbliebenen Zutaten in den Mixbehälter geben und alles fein cremig pürieren.

Tipp: *Dieser spätsommerliche Smoothie schmeckt wie Zwetschgenkuchen aus dem Glas.*

GEMÜSESMOOTHIES

BRENNNESSEL-ZITRUS-SMOOTHIE

30 g frisch gepflückte junge Brennnesselblätter
1 große Orange
80 g Freilandgurke
1 kirschgroßes Stück Ingwer
Saft einer Zitrone
200 ml Wasser
2 MSP feines Meersalz
3 große Eiswürfel (etwa 110 g)

- Die Brennnesselblätter waschen und abtropfen lassen.
- Die Orange schälen und in Spalten teilen. Falls notwendig, die Kerne entfernen.
- Die Gurke in Scheiben schneiden.
- Den Ingwer schälen und grob hacken.
- Die Brennnesselblätter, Orangenspalten, Gurke und den Ingwer in den Mixbehälter geben.
- Den Zitronensaft, das Wasser und Salz hinzufügen.
- Alles fein cremig pürieren.
- Die Eiswürfel hinzufügen und nochmals kürz pürieren.

Tipp: Keine Angst, der Brennnessel-Zitrus-Smoothie »brennt« nicht im Mund! Tragen Sie zum Verarbeiten der Brennnesselblätter jedoch am besten Haushaltshandschuhe.

FENCHEL-CASHEW-SMOOTHIE

1 kleine Frühlingszwiebel
1 Fenchelknolle
½ Zucchino
3 Stängel krause Petersilie
2 EL Cashewmus (siehe Seite 95)
2 EL Apfelessig
200 ml eiskaltes Wasser
Meersalz
frisch gemahlener weißer Pfeffer

- Die Frühlingszwiebel in Scheiben schneiden.
- Die Fenchelknolle vierteln und den harten Strunk herausschneiden. Den Fenchel danach grob zerkleinern.
- Den Zucchino schälen und in Scheiben schneiden.
- Die Frühlingszwiebel, den Fenchel und Zucchino in den Mixbehälter geben.
- Die Petersilie von den Stängeln zupfen und ebenfalls in den Mixbehälter geben.
- Das Cashewmus, den Apfelessig und das Wasser hinzufügen.
- Alles fein cremig pürieren.
- Den Fenchel-Cashew-Smoothie herzhaft mit Salz und Pfeffer abschmecken.

Tipp: Sie können den Zucchino auch ungeschält verwenden. Wenn Sie ihn geschält mit in den Mixbehälter geben, bekommt der Smoothie jedoch eine schöne helle Farbe.

GURKEN-KRÄUTER-SMOOTHIE

1 Frühlingszwiebel
1 kleine Knoblauchzehe
½ Salatgurke
3 Stangen Staudensellerie mit Grün
5 Stängel glatte Petersilie
5 Stängel Schnittlauch
2 Blätter Majoran
2 Blätter Borretsch
1 Stängel Dill
2 Stängel Estragon
4 EL Sonnenblumenkerne
Saft einer halben kleinen Limette
150 ml Wasser
2 EL Olivenöl
4 große Eiswürfel (etwa 150 g)
Meersalz
frisch gemahlener weißer Pfeffer

- Die Frühlingszwiebel in Scheiben schneiden.
- Den Knoblauch schälen und grob hacken.
- Die Gurke grob würfeln.
- Den Staudensellerie und das Grün grob zerkleinern.
- Die Frühlingszwiebel, den Knoblauch, die Gurke und den Staudensellerie in den Mixbehälter geben.
- Die Petersilienblättchen von den Stängeln zupfen. Den Schnittlauch in breite Röllchen schneiden. Die Majoran- und Borretschblätter grob zerkleinern. Den Dill und Estragon von den Stängeln zupfen.
- Die Kräuter sowie die Sonnenblumenkerne und den Limettensaft ebenfalls in den Mixbehälter geben.
- Das Wasser und Öl hinzufügen. Alles zu einer feinen Creme pürieren.
- Die Eiswürfel hinzufügen und nochmals kurz pürieren.
- Den Gurken-Kräuter-Smoothie vor dem Servieren herzhaft mit Salz und Pfeffer abschmecken.

Tipp: Der Gurken-Kräuter-Smoothie schmeckt auch, wenn er zum Beispiel nur mit Petersilie, Dill und Schnittlauch gewürzt wird.

KAROTTENSMOOTHIE

4 mittelgroße Karotten
1 dünne Scheibe Ingwer
Saft einer halben Zitrone
2 MSP feines Meersalz
2 EL Rapsöl oder Sonnenblumenöl
1 EL Agavendicksaft
300 ml Wasser
3 große Eiswürfel (etwa 110 g)

- Die Karotten schälen, in Scheiben schneiden und in den Mixbehälter geben.
- Die Ingwerscheibe schälen und mit den restlichen Zutaten bis auf die Eiswürfel ebenfalls in den Mixbehälter geben und alles fein cremig pürieren.
- Die Eiswürfel hinzufügen und nochmals kurz pürieren.

Tipp: *Wenn Sie Bio-Bundkarotten verwenden, können Sie sich das Schälen sparen. Es reicht aus, die Bundkarotten nur kurz abzubrausen und etwas trockenzuschütteln. Das Blattgrün können Sie zum Beispiel für grüne Smoothies verwenden.*
Falls Sie Sesam mögen, können Sie 1 – 2 TL Sesammus (siehe Seite 103) mit unterrühren.

ROTE MARY

3 mittelgroße vollreife Tomaten
1 kleine rote Paprikaschote
1 kleine Frühlingszwiebel
1 kleine Knoblauchzehe
3 – 4 Blätter Basilikum
2 – 3 EL Olivenöl
1 EL frisch gepresster Zitronensaft
Meersalz
frisch gemahlener schwarzer Pfeffer

- Die Tomaten und Paprika würfeln.
- Die Frühlingszwiebel in Scheiben schneiden.
- Die Knoblauchzehe schälen und grob hacken.
- Die Tomaten, Paprika, Frühlingszwiebel, Knoblauchzehe und das Basilikum in den Mixbehälter geben und alles fein cremig pürieren.
- Das Olivenöl und den Zitronensaft hinzufügen und nochmals kurz pürieren.
- Mit Salz und Pfeffer würzen und servieren.

Tipp: Am besten schmeckt diese sehr rote Mary, wenn Sie die Tomaten und die Paprikaschote vor dem Mixen gut im Kühlschrank durchkühlen lassen. Wenn Sie den Tomatensmoothie etwas flüssiger (also eher wie Tomatensaft) mögen, können Sie noch 3 große Eiswürfel (etwa 110 g) unterrühren.

SAHNIGER KOHLRABISMOOTHIE

1 kleiner Kohlrabi
1 kleine Knoblauchzehe
1 reife Avocado
1 – 2 Stängel Dill
250 ml kalte Mandelmilch (siehe Seite 99)
2 – 3 EL frisch gepresster Zitronensaft
Meersalz
frisch gemahlener weißer Pfeffer

- Den Kohlrabi schälen und grob würfeln.
- Die Knoblauchzehe schälen und grob hacken.
- Die Avocado halbieren und den Kern entfernen. Das Fruchtfleisch auslöffeln und mit dem Kohlrabi und Knoblauch in den Mixbehälter geben.
- Die Dillblättchen von den Stängeln zupfen.
- Die Mandelmilch, den Dill und Zitronensaft ebenfalls in den Mixbehälter geben und alles fein cremig pürieren.
- Den Kohlrabismoothie mit Salz und Pfeffer abschmecken und servieren.

Tipp: *Noch cremiger wird der Kohlrabismoothie, wenn Sie zusätzlich 2 EL Mandelmus (siehe Seite 95) oder Cashewmus (siehe Seite 95) mitpürieren.*

SALAT-LÖWENZAHN-SMOOTHIE

1 kleiner Romanasalat (etwa 200 g)
100 g frisch gepflückte, geputzte und gewaschene Löwenzahnblätter
1 kleine Schalotte
1 kleine Knoblauchzehe
250 ml eiskaltes Wasser
Saft einer halben kleinen Zitrone
5 EL Sonnenblumenkerne
2 – 3 EL Olivenöl
Meersalz
frisch gemahlener weißer Pfeffer

- Den Salat in Streifen schneiden.
- Die Löwenzahnblätter grob zerkleinern.
- Die Schalotte und Knoblauchzehe schälen und grob zerkleinern.
- Den Salat, die Löwenzahnblätter, Schalotte und Knoblauchzehe in den Mixbehälter geben.
- Das Wasser, den Zitronensaft, die Sonnenblumenkerne und das Öl hinzufügen.
- Alles fein cremig pürieren.
- Den Salat-Löwenzahn-Smoothie mit Salz und Pfeffer abschmecken und servieren.

Tipp: *Falls vorrätig, können Sie noch 2 EL getrocknete Dulseflocken hinzufügen und mit dem anderen Gemüse pürieren.*
Sollten Sie, zum Beispiel im Winter, keinen Löwenzahn finden, können Sie ihn durch die gleiche Menge an Rucola oder Feldsalat ersetzen.
Noch mehr Vitalstoffe erhält der Smoothie, wenn Sie 5 EL gekeimte Sonnenblumenkerne (siehe Seite 26) verwenden.

SCHARFER BROKKOLISMOOTHIE

1 Frühlingszwiebel
½ kleiner Zucchino
1 kleine Knoblauchzehe
½ rote Peperoni
200 g Brokkoliröschen
2 EL Multi-Nussmus (siehe Seite 101)
1 – 2 EL weißer Balsamessig
300 ml eiskaltes Wasser
Meersalz

- Die Frühlingszwiebel und den Zucchino in Scheiben schneiden.
- Die Knoblauchzehe schälen und grob hacken.
- Die Peperoni entkernen und in Scheiben schneiden.
- Die Brokkoliröschen grob zerkleinern.
- Das Gemüse mit den verbliebenen Zutaten in den Mixbehälter geben und alles fein cremig pürieren.
- Den Brokkolismoothie herzhaft mit etwas Salz abschmecken und servieren.

Tipp: *Falls der Smoothie für Sie nicht genug »Feuer« hat, können Sie auch eine ganze Peperoni verwenden.*

SPINAT-GURKEN-SMOOTHIE

125 g geputzter Spinat
½ Bund krause Petersilie
1 Freilandgurke
1 kleine Knoblauchzehe
Saft einer Zitrone
2 – 3 EL Hanfsamen (siehe Seite 37)
300 ml Wasser
2 große Eiswürfel (etwa 70 g)
Meersalz
frisch gemahlener weißer Pfeffer

- Den Spinat und die Petersilie (mit den Stängeln) grob zerkleinern.
- Die Gurke und den geschälten Knoblauch in Scheiben schneiden.
- Den Spinat, Knoblauch, die Gurke und Petersilie mit dem Zitronensaft, den Hanfsamen und dem Wasser in den Mixbehälter geben und alles fein cremig pürieren.
- Die Eiswürfel hinzufügen und nochmals kurz pürieren.
- Den Spinat-Gurken-Smoothie mit Salz und Pfeffer abschmecken und servieren.

Tipp: Falls Sie keine Hanfsamen im Haus haben, können Sie stattdessen Leinsamen oder 2 EL Sonnenblumenkerne verwenden.

GRÜNE POWER-SMOOTHIES

APFEL-INGWER-SMOOTHIE

1 kleiner Romanasalat (etwa 200 g)
1 große Stange Staudensellerie mit Grün
1 großer Apfel
1 kirschgroßes Stück Ingwer
1 kleine Banane
5 getrocknete und entsteinte weiche Datteln
100 ml eiskaltes Wasser
Saft einer kleinen Zitrone
3 große Eiswürfel (etwa 110 g)

- Den Romanasalat in Streifen, den Staudensellerie in Scheiben schneiden.
- Den Apfel entkernen und grob würfeln.
- Den Ingwer schälen und grob hacken.
- Die Banane schälen und in Scheiben schneiden.
- Die Datteln grob zerkleinern.
- Den Salat, Apfel, Ingwer, die Banane und die Datteln mit dem Wasser und Zitronensaft in den Mixbehälter geben.
- Alles fein cremig pürieren.
- Die Eiswürfel hinzufügen und nochmals kurz pürieren.

Tipp: Falls Ihnen die natürliche Süße der Datteln und der Banane nicht ausreicht, können Sie den Smoothie zusätzlich noch mit etwas Agavendicksaft süßen.

DURSTLÖSCHER-SMOOTHIE MIT MELONE

½ Cantaloupe-Melone, Galia-Melone oder Honigmelone
1 kleiner Romanasalat (etwa 200 g)
Saft einer kleinen Zitrone
6 – 8 Blätter Zitronenmelisse
4 Blätter Minze
2 – 3 EL Agavendicksaft
150 ml Wasser
3 große Eiswürfel (etwa 110 g)

- Die Melone entkernen, in Spalten schneiden und die Schale entfernen. Das Fruchtfleisch grob würfeln.
- Den Salat grob zerkleinern.
- Die Melone und den Salat mit den restlichen Zutaten außer den Eiswürfeln in den Mixbehälter geben und alles fein cremig pürieren.
- Die Eiswürfel hinzufügen und nochmals kurz pürieren.

Tipp: Versuchen Sie doch einmal statt des Romanasalats frisches Kohlrabigrün!

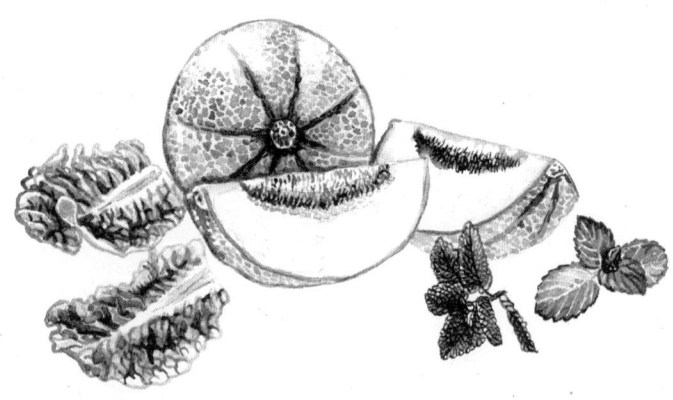

GANZ GRÜNER SMOOTHIE

3 große Wirsingblätter
½ Bund glatte Petersilie
2 Kiwis
1 Banane
Saft einer Limette
3 EL Agavendicksaft
1 – 2 EL Mandelmus (siehe Seite 95)
200 ml Wasser
2 – 3 große Eiswürfel (etwa 70 – 110 g)

- Die Wirsingblätter und Petersilie (mit den Stängeln) grob zerkleinern.
- Die Kiwis und die Banane schälen und in Scheiben schneiden.
- Die Wirsingblätter, Petersilie, Kiwis und Banane in den Mixbehälter geben.
- Den Limettensaft, Agavendicksaft, das Mandelmus und Wasser hinzufügen.
- Alles fein cremig pürieren.
- Die Eiswürfel hinzufügen und nochmals kurz pürieren.

Tipp: Statt der Wirsingblätter können Sie auch große Grünkohlblätter verwenden.

GRÜNER ERDBEERSMOOTHIE

200 g geputzte Erdbeeren
100 g Staudensellerie mit Grün
100 g Romanasalat
100 g Wirsingblätter
3 – 4 Blätter Minze
Saft einer halben Zitrone
150 ml kaltes Wasser oder kalte Mandelmilch (siehe Seite 99)
3 – 4 EL Agavendicksaft

- Die Erdbeeren vierteln.
- Den Staudensellerie, Romanasalat und Wirsing grob zerkleinern.
- Die Erdbeeren mit dem Gemüse und der Minze in den Mixbehälter geben.
- Die restlichen Zutaten hinzufügen und alles fein cremig pürieren.

Tipp: *Der Smoothie wird noch gehaltvoller, wenn Sie 2 EL Hanfsamenmus (siehe Seite 98) oder Mandelmus (siehe Seite 95) mitpürieren.*
Statt des Romanasalates können Sie auch 100 g knackig frische Kohlrabiblätter oder Rote-Bete-Blätter in den Mixbehälter geben.

GRÜNKOHL-APFEL-SMOOTHIE

60 g Haselnusskerne
85 g Grünkohlblätter
1 Apfel
1 kirschgroßes Stück Ingwer
Saft einer halben Zitrone
3 – 4 EL Agavendicksaft
½ TL gemahlener Zimt
1 MSP gemahlener Kardamom
300 ml Wasser
3 große Eiswürfel (etwa 110 g)

- Die Haselnusskerne in den Mixbehälter geben und kurz zerkleinern.
- Den Grünkohl in Streifen schneiden.
- Den Apfel vierteln, entkernen und grob würfeln.
- Den Ingwer schälen und grob hacken.
- Den Grünkohl, Apfel, Ingwer mit dem Zitronensaft, Agavendicksaft, Zimt, Kardamom und Wasser in den Mixbehälter geben und alles fein cremig pürieren.
- Die Eiswürfel hinzufügen und nochmals kurz pürieren.

Tipp: *Ein herrlich aromatischer Herbst- und Wintersmoothie, der (grüne) Farbe in trübe Tage bringt!*

GRÜNKOHL-KAKI-SMOOTHIE

für drei bis vier Portionen

150 g Grünkohl
1 Kakifrucht
1 unbehandelte Orange
1 Banane
3 – 4 getrocknete weiche Feigen
300 ml Wasser
3 – 4 große Eiswürfel (110 – 150 g)

- Den Grünkohl in Streifen schneiden.
- Die Kakifrucht grob würfeln.
- Von der Orange 2 MSP Schale fein abreiben. Die Orange schälen und in Spalten teilen. Falls notwendig, die Kerne entfernen.
- Die Banane schälen und in Scheiben schneiden.
- Die Banane, Orange und Orangenschale, Kakifrucht und den Grünkohl in den Mixbehälter geben.
- Die Feigen grob hacken und mit dem Wasser ebenfalls in den Mixbehälter geben.
- Alles fein cremig pürieren.
- Die Eiswürfel hinzufügen und nochmals kurz pürieren.

Tipp: Die im Rezept verwendete Menge an Grünkohl kann sich im Mixbehälter mitunter als etwas »sperrig« erweisen, sodass der Püriervorgang ins Stocken gerät. Unterbrechen Sie in diesem Fall den Mixvorgang, schalten Sie den Mixer aus und rühren Sie die Smoothiezubereitung kurz von Hand mit einem Kunststoffspatel durch, wobei Sie den Grünkohl mit dem Spatel nach unten in Richtung der Messer ziehen. Danach sollte alles wieder wie geschmiert laufen.

HAWAII-SMOOTHIE

1 kleiner Romanasalat (etwa 200 g)
100 g Staudensellerie mit Grün
350 g geschälte Ananas
1 kleine Banane
100 ml eiskaltes Wasser
Saft einer halben Limette
2 – 3 EL Agavendicksaft

- Den Romanasalat in Streifen schneiden.
- Den Staudensellerie in Scheiben schneiden.
- Die Ananas würfeln. Die Banane schälen und in Scheiben schneiden.
- Das Gemüse und Obst mit dem Wasser, Limettensaft und Agavendicksaft in den Mixbehälter geben und alles fein cremig pürieren.

Tipp: Aloha! Noch mehr Hawaii-Feeling kommt auf, wenn Sie anstatt des Wassers Kokoswasser (also die klare Flüssigkeit aus der noch unreifen, grünen Kokosnuss) verwenden und 2 EL Kokosflocken mitpürieren.

HEIDELBEEREN-ROMANA-SMOOTHIE

1 kleiner Romanasalat (etwa 200 g)
4 Aprikosen
150 g Heidelbeeren
50 g Mandeln
150 ml eiskaltes Wasser
Saft einer halben Zitrone
3 – 4 EL Agavendicksaft

- Den Romanasalat in Streifen schneiden.
- Die Aprikosen entkernen und grob zerkleinern.
- Den Romanasalat und die Aprikosen mit den Heidelbeeren, Mandeln und dem Wasser in den Mixbehälter geben. Alles fein cremig pürieren.
- Den Zitronensaft und Agavendicksaft hinzufügen und alles nochmals kurz pürieren.

Tipp: *Wenn bei Ihnen auf der Fensterbank gerade gekeimter Weizen (siehe Seite 25) erntereif ist, können Sie 3 EL davon mit in den Mixbehälter geben und pürieren.*
Noch mehr wertvolle Inhaltsstoffe liefert der Smoothie, wenn Sie statt des Romanasalats das Blattgrün von Kohlrabi oder Roter Bete verwenden.

MANGO-RUCOLA-SMOOTHIE

1 reife Mango
50 g geputzter Rucola
1 Stange Staudensellerie mit Grün
½ Banane
2 EL frisch gepresster Zitronensaft
⅓ TL gemahlener Zimt
150 ml Wasser
3 große Eiswürfel (etwa 110 g)

- Die Mango schälen, entkernen und grob würfeln.
- Den Rucola grob zerkleinern.
- Den Staudensellerie und die geschälte Banane in Scheiben schneiden.
- Die Mango mit dem Rucola, Staudensellerie, der Banane, dem Zitronensaft, Zimt und Wasser in den Mixbehälter geben und alles fein cremig pürieren.
- Die Eiswürfel hinzufügen und nochmals kurz pürieren.

Tipp: *Sehr lecker schmeckt es, wenn Sie zusätzlich noch 2 – 3 EL süßes Paranussmus (siehe Seite 104) oder Vanille-Haselnussmus (siehe Seite 105) in den Mixbehälter geben und mitpürieren.*
Statt der Mango können Sie auch eine reife, entkernte Papaya verwenden.

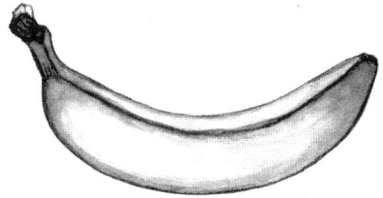

ROSENKOHL-APFEL-SMOOTHIE

8 Rosenkohlröschen (etwa 150 g)
60 g Feldsalat
1 kleiner Apfel
50 g Haselnusskerne
2 EL getrocknete Cranberrys
250 ml kalter Apfelsaft
3 große Eiswürfel (etwa 110 g)

- Die Rosenkohlröschen putzen und vierteln. Den Feldsalat putzen.
- Den Apfel vierteln, entkernen und grob würfeln.
- Den Apfel, Feldsalat und die Rosenkohlröschen in den Mixbehälter geben.
- Die Haselnusskerne, Cranberrys und den Apfelsaft hinzufügen.
- Alles fein cremig pürieren.
- Die Eiswürfel hinzufügen und nochmals kurz pürieren.

Tipp: *Keine Angst! Rosenkohl im Mixbehälter ist nicht nur etwas für Wagemutige. Der Smoothie schmeckt wirklich sehr lecker!*
Noch gehaltvoller wird der Rosenkohl-Apfel-Smoothie, wenn Sie zusätzlich noch 1 – 2 EL Hanfsamenmus (siehe Seite 98) in den Mixbehälter geben. Wenn Sie getrocknete Gojibeeren im Haus haben, können Sie diese anstelle der Cranberrys verwenden.

SPINAT-BIRNEN-SMOOTHIE

100 g geputzter Spinat
½ Bund krause Petersilie
1 Stange Staudensellerie mit Grün
1 große Birne
5 getrocknete und entsteinte weiche Datteln
Saft einer halben Zitrone
⅓ TL gemahlener Zimt
200 ml Wasser
2 große Eiswürfel (etwa 70 g)

- Den Spinat und die Petersilie (mit den Stängeln) grob zerkleinern.
- Den Staudensellerie in Scheiben schneiden.
- Die Birne vierteln, entkernen und grob würfeln.
- Die Datteln in Scheiben schneiden.
- Den Spinat, Staudensellerie sowie die Petersilie, Birne und Datteln in den Mixbehälter geben.
- Den Zitronensaft, Zimt und das Wasser hinzufügen und alles fein cremig pürieren.
- Die Eiswürfel dazugeben und nochmals kurz pürieren.

Tipp: Anstelle von Spinat können Sie im Winter auch Feldsalat verwenden.

SPINAT-GRAPEFRUIT-SMOOTHIE

150 g geputzter Spinat
1 rosa Grapefruit
1 kleine Banane
Saft einer halben kleinen Zitrone
2 EL Mandelmus (siehe Seite 95)
2 – 3 EL Agavendicksaft
200 ml eiskaltes Wasser

- Den Spinat grob zerkleinern.
- Die Grapefruit schälen, in Spalten teilen und, falls notwendig, die Kerne entfernen.
- Die Banane schälen und in Scheiben schneiden.
- Den Spinat, die Grapefruit und Banane in den Mixbehälter geben.
- Den Zitronensaft, das Mandelmus, den Agavendicksaft und das Wasser hinzufügen und alles fein cremig pürieren.

Tipp: *Statt des Mandelmuses können Sie auch Cashewmus (siehe Seite 95) verwenden.*
Selbstverständlich können Sie auch eine weiße Grapefruit (deren Fruchtfleisch gelblich ist) mit in den Smoothie geben. Da das Fruchtfleisch der weißen Grapefruit jedoch etwas säuerlicher als das der rosa Grapefruit ist, müssen Sie vielleicht mit etwas mehr Agavendicksaft süßen.

WIRSING-APRIKOSEN-SMOOTHIE

2 kleine Bananen
300 g entsteinte Aprikosen
150 – 200 ml Wasser
2 EL Agavendicksaft
3 große Wirsingblätter
½ TL gemahlener Zimt
1 MSP gemahlener Kardamom

- Die Bananen schälen, in Scheiben schneiden und einige Stunden in das Tiefkühlgerät legen.
- Die Aprikosen grob zerkleinern.
- Das Wasser, den Agavendicksaft und die Aprikosen in den Mixbehälter geben.
- Die Wirsingblätter grob zerkleinern und mit den gefrorenen Bananenscheiben sowie dem Zimt und Kardamom ebenfalls in den Mixbehälter geben.
- Alles fein cremig pürieren.

Tipp: *Falls Ihr Mixer Probleme haben sollte, alles fein cremig zu pürieren, sollten Sie die Bananenscheiben vor dem Pürieren etwa 10 Minuten antauen lassen.*
Statt der Wirsingblätter können Sie auch große Grünkohlblätter verwenden.

DIPS, DRESSINGS UND PESTOS

CREMIGER TOMATENDIP

1 kleine Schalotte
1 kleine Knoblauchzehe
3 vollreife Tomaten
60 g Cashewkerne
6 – 8 Blätter Basilikum
Meersalz
frisch gemahlener schwarzer Pfeffer

- Die Schalotte und die Knoblauchzehe schälen und grob zerkleinern.
- Die Tomaten in Spalten schneiden.
- Die Schalotte, Knoblauchzehe und Tomaten mit den Cashewkernen und dem Basilikum in den Mixbehälter geben und alles fein cremig pürieren.
- Den Tomatendip mit etwas Salz und Pfeffer abschmecken und vor dem Servieren etwa 20 Minuten im Kühlschrank ziehen lassen.

Tipp: Besonders lecker schmeckt der Dip in Kombination mit mediterranem Gemüse (also Paprikaschoten, Zucchini, Staudensellerie, grünem Spargel, Fenchel, Radicchio). Sie können den Dip aber auch als »Sauce« zu »Zucchinibandnudeln« servieren: Schneiden Sie dazu 4 kleine Zucchini mit dem Sparschäler (oder, falls vorhanden, mit einem Spiralschneider) in schmale, dünne Streifen. Vermischen Sie die »Zucchinibandnudeln« mit 2 EL Olivenöl und 1 EL weißem Balsamessig. Würzen Sie die »Zucchinibandnudeln« mit etwas Salz und Pfeffer. Geben Sie nun den Tomatendip als »Sauce« auf die »Zucchinibandnudeln« und lassen Sie sich diese leichte und leckere Hauptmahlzeit schmecken!

FEIGENDRESSING

4 getrocknete weiche Feigen
150 ml Apfelsaft
1 kleine Schalotte
2 EL weißer Balsamessig
2 – 3 EL Sonnenblumenöl
Meersalz
frisch gemahlener weißer Pfeffer

- Die Feigen mit dem Apfelsaft übergießen und etwa 4 Stunden darin ziehen lassen. Dabei gelegentlich umrühren.
- Die Schalotte schälen und grob zerkleinern. Mit den Feigen und dem Apfelsaft sowie dem Essig und Öl in den Mixbehälter geben und alles fein cremig pürieren.
- Das Feigendressing herzhaft mit Salz und Pfeffer abschmecken.

Tipp: Das süßliche Feigendressing schmeckt besonders gut zu Salaten aus Radicchio oder Rucola und zum Beispiel zu einem Salat, den man aus Feldsalat, Orangenspalten und gekeimten Sonnenblumenkernen (siehe Seite 26) zusammenstellt.

FRUCHTIG SCHARFES TOMATENDRESSING

3 Aprikosen
2 Tomaten
1 kleine Frühlingszwiebel
2 EL frisch gepresster Zitronensaft
1 kleine getrocknete Chilischote
1 TL Roh-Rohrzucker
Meersalz

- Die Aprikosen halbieren und entkernen.
- Die Tomaten grob würfeln.
- Die Frühlingszwiebel in Scheiben schneiden.
- Die Aprikosen, Tomaten und die Frühlingszwiebel mit den verbliebenen Zutaten in den Mixbehälter geben und alles fein cremig pürieren.
- Das Tomatendressing mit etwas Salz abschmecken.

Tipp: Das Dressing schmeckt prima zu allen milden Blattsalaten wie auch Salaten mit Zucchini.

GRÜNKOHLPESTO

40 g Mandeln
40 g Haselnusskerne
50 g Grünkohl ohne Blattrippen
1 kleine Knoblauchzehe
1 – 2 EL Zitronensaft
½ TL Meersalz
60 ml Olivenöl
frisch gemahlener schwarzer Pfeffer

- Die Mandeln und Haselnusskerne in den Mixbehälter geben und kurz zerkleinern.
- Den Grünkohl grob hacken.
- Die Knoblauchzehe schälen und in Scheiben schneiden.
- Den Grünkohl und die Knoblauchzehe mit dem Zitronensaft und Salz ebenfalls in den Mixbehälter geben und alles kurz durchmixen.
- Das Olivenöl hinzufügen und so lange mixen, bis alles fein zerkleinert, aber noch ein wenig »stückig« ist. Das Pesto bitte nicht zu Mus zerkleinern.
- Das Pesto vor dem Servieren mit etwas Pfeffer abschmecken.

Tipp: *Sollte Ihr Mixer Probleme haben, die Zutaten fein zu zerkleinern, hilft es, wenn Sie noch etwas zusätzliches Öl hinzufügen.*
Das Pesto hält sich im Kühlschrank etwa 4 Tage. Wenn Sie es stets mit einer knapp fingerdicken Schicht Öl bedeckt halten, verlängert sich die Haltbarkeit auf bis zu 2 Wochen.

KÜRBISKERN-KAROTTEN-PESTO

100 g geschälte grüne Kürbiskerne
1 Karotte
1 kleine Knoblauchzehe
5 Stängel krause Petersilie
2 – 3 EL Kürbiskernöl
3 EL Olivenöl
1 EL frisch gepresster Zitronensaft
2 MSP fein abgeriebene Zitronenschale
½ TL Meersalz
frisch gemahlener schwarzer Pfeffer

- Die Kürbiskerne in den Mixbehälter geben und kurz zerkleinern.
- Die Karotte schälen und in dünne Scheiben schneiden.
- Die Knoblauchzehe schälen und grob hacken.
- Die Petersilie von den Stängeln zupfen.
- Die Karotte, Knoblauchzehe und Petersilie zu den Kürbiskernen in den Mixbehälter geben.
- Das Öl, den Zitronensaft, die Zitronenschale und das Salz hinzufügen und so lange mixen, bis alles fein zerkleinert, aber noch ein wenig »stückig« ist. Das Pesto bitte nicht zu Mus zerkleinern.
- Das Pesto in eine Schüssel umfüllen und mit Pfeffer sowie, falls gewünscht, mit noch etwas Salz abschmecken.

Tipp: Sollte Ihr Mixer Probleme haben, die Zutaten fein zu zerkleinern, hilft es, wenn Sie noch etwas zusätzliches Öl hinzufügen.
Mir persönlich tun und schmecken Pestozubereitungen besser, wenn sie nicht mit allzu viel Öl zubereitet werden. Falls Sie ein etwas flüssigeres Pesto mit einem höheren Ölanteil vorziehen, können Sie nach Belieben mehr Olivenöl und Kürbiskernöl dazugeben.

MANDEL-ZUCCHINI-HUMMUS

100 g Mandeln
300 ml Wasser zum Einweichen
2 – 3 Knoblauchzehen
100 g geschälter Zucchino
100 ml Wasser
2 EL Olivenöl
3 – 4 EL geschälte Sesamsamen
2 EL frisch gepresster Zitronensaft
3 EL fein gehackte glatte Petersilie
Meersalz
frisch gemahlener weißer Pfeffer
50 g gekeimte Sonnenblumenkerne (siehe Seite 26)
scharfes Paprikapulver

- Die Mandeln mit dem Wasser übergießen und 24 Stunden quellen lassen.
- Die Mandeln in ein Sieb geben und mit klarem Wasser abspülen. Danach gut abtropfen lassen.
- Die Knoblauchzehen schälen und grob zerkleinern.
- Den Zucchino in Scheiben schneiden.
- Die Mandeln, Knoblauchzehen und den Zucchino in den Mixbehälter geben.
- Das Wasser und Öl, die Sesamsamen und den Zitronensaft hinzufügen und alles fein cremig pürieren.
- Den Mandel-Zucchini-Hummus in eine Schüssel umfüllen und die Petersilie unterrühren.
- Herzhaft mit Salz und Pfeffer abschmecken.
- Den Hummus abgedeckt im Kühlschrank etwa 30 Minuten ziehen lassen.
- Zum Servieren die Sonnenblumenkerne auf dem Hummus verteilen und den Hummus mit scharfem Paprikapulver überstäuben.

Tipp: Wenn Sie möchten, können Sie die Mandeln vor dem Pürieren enthäuten (nach dem Einweichen löst sich die Haut leicht). Dadurch wird der Hummus heller.

MOHNDRESSING

100 ml Wasser
Saft einer halben Limette
3 EL Olivenöl oder Mohnöl
2 – 3 EL Hefeflocken (falls erwünscht)
½ – 1 TL Meersalz
1 kleine Knoblauchzehe
50 g Mohnsamen
frisch gemahlener weißer Pfeffer

- Das Wasser, den Limettensaft, das Öl, die Hefeflocken und das Salz in den Mixbehälter geben und kurz vermischen.
- Die Knoblauchzehe schälen und grob zerkleinern. Mit den Mohnsamen ebenfalls in den Mixbehälter geben.
- Alles zu einer feinen Creme pürieren.
- Mit etwas Pfeffer abschmecken.

Tipp: *Das aromatische Mohndressing passt gut zu dunklen Blattsalaten, zu als Salat servierten Brokkoli- oder Blumenkohlröschen oder zu Apfel-Rettich-Salat.*
Informationen zu Mohnsamen finden Sie auf Seite 39.

PAPRIKA-MANDEL-DIP

2 rote Paprikaschoten
1 große Knoblauchzehe
50 g Mandeln
3 EL Olivenöl
1 EL roter Balsamessig
½ TL mildes Paprikapulver
Meersalz
scharfes Paprikapulver

- Die Paprika entkernen und grob würfeln.
- Die Knoblauchzehe schälen und grob hacken.
- Die Paprika und Knoblauchzehe mit den Mandeln, dem Öl, Essig und milden Paprikapulver in den Mixbehälter geben und alles fein cremig pürieren.
- Den Paprika-Mandel-Dip herzhaft mit Salz und scharfem Paprikapulver abschmecken.

Tipp: Dieser Dip schmeckt zu allen mediterranen Gemüsearten, aber auch zu Orangen.

PIKANTES ERDNUSSDRESSING

⅓ – ½ rote Peperoni
6 Stängel glatte Petersilie
100 g Erdnusskerne
Saft einer halben kleinen Zitrone
2 MSP fein abgeriebene Zitronenschale
100 ml Mandelmilch (siehe Seite 99)
1 TL Agavendicksaft
Meersalz

- Die Peperoni entkernen und in Scheiben schneiden.
- Die Petersilie von den Stängeln zupfen.
- Die Peperoni und Petersilie mit den anderen Zutaten in den Mixbehälter geben und alles fein cremig pürieren.
- Das Dressing mit etwas Salz abschmecken.

Tipp: Dieses Dressing schmeckt besonders gut zu einem gemischten Salat aus in feine Streifen geschnittenen Karotten, Paprikaschoten und Zucchini oder zu einem Salat aus Blattspinat.

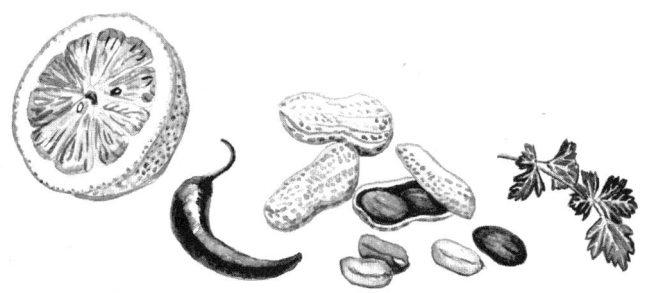

ROTE-BETE-DATTEL-DRESSING

200 g geschälte Rote Bete
1 kleine Frühlingszwiebel
3 getrocknete und entsteinte weiche Datteln
60 ml Wasser
2 – 3 EL Sonnenblumenöl oder Rapsöl
2 EL Rotweinessig
1 MSP gemahlener Kreuzkümmel
1 MSP gemahlener Koriander
Meersalz
frisch gemahlener weißer Pfeffer

- Die Rote Bete grob würfeln.
- Die Frühlingszwiebel in Scheiben schneiden.
- Die Datteln grob zerkleinern.
- Die Rote Bete mit der Frühlingszwiebel und den Datteln in den Mixbehälter geben.
- Die verbliebenen Zutaten hinzufügen und alles fein cremig pürieren.
- Das Dressing mit Salz und Pfeffer abschmecken und zu dunklen Blattsalaten oder Feldsalat servieren.

Tipp: Versuchen Sie einmal diese geschmacklich wie optisch tolle Salatkreation: Verteilen Sie 100 g geputzten Feldsalat auf zwei Tellern. Schneiden Sie 2 entkernte Birnen in dünne Spalten und verteilen Sie diese auf dem Feldsalat. Geben Sie das Dressing über die Birnenspalten und garnieren Sie jede Portion mit 2 EL fein gehackten Walnusskernen.

SESAM-ZITRONEN-DRESSING

1 kleine Knoblauchzehe
75 g geschälte Sesamsamen
150 ml Wasser
Saft einer halben kleinen Zitrone
2 EL Rapsöl
½ – 1 TL Meersalz

- Die Knoblauchzehe schälen und grob hacken.
- Die Knoblauchzehe, Sesamsamen und die verbliebenen Zutaten in den Mixbehälter geben und alles zu einer feinen Creme pürieren.

Tipp: Noch aromatischer wird das Dressing, wenn Sie anstelle des Rapsöls Sesamöl verwenden. Das Dressing schmeckt prima zu Karottensalat und verleiht auch anderen gemischten Salaten eine leichte asiatische Note.

SONNENBLUMEN-KNOBLAUCH-DRESSING

70 g Sonnenblumenkerne
250 ml Wasser zum Einweichen
2 – 3 Knoblauchzehen
1 kleine Schalotte
½ TL Meersalz
3 – 4 EL Zitronensaft
100 ml Wasser

- Die Sonnenblumenkerne mit dem Wasser in eine kleine Schüssel geben und 4 – 5 Stunden quellen lassen.
- Die Sonnenblumenkerne in ein Sieb geben, kurz mit klarem Wasser abspülen und gut abtropfen lassen.
- Die Knoblauchzehen und die Schalotte schälen und grob zerkleinern.
- Die Sonnenblumenkerne, Knoblauchzehen und Schalotte mit dem Salz, Zitronensaft und Wasser in den Mixbehälter geben und alles fein cremig pürieren.

Tipp: Das Dressing kann durch das Hinzufügen von 2 EL fein gehackter glatter Petersilie und 1 EL fein gehacktem Schnittlauch verfeinert werden. Es harmoniert mit allen Blattsalaten sowie mit Tomaten, Fenchel, Karotten, Zucchini.
Noch cremiger wird das Dressing, wenn Sie zusätzlich 2 EL Cashewmus (siehe Seite 95) oder Mandelmus (siehe Seite 95) mitpürieren.

TOMATENPESTO

6 getrocknete Tomaten (etwa 35 g)
200 ml Wasser zum Einweichen
45 g Mandeln
45 g Haselnusskerne
1 große Knoblauchzehe
1 kleiner Zweig Rosmarin
5 Blätter Basilikum
2 – 3 EL Olivenöl
1 EL roter Balsamessig
5 – 6 EL vom Einweichwasser der Tomaten
Meersalz
frisch gemahlener schwarzer Pfeffer

- Die Tomaten mit dem Wasser übergießen und 2 – 3 Stunden quellen lassen.
- Die Mandeln und Haselnusskerne in den Mixbehälter geben und grob zerkleinern.
- Die Tomaten in ein Sieb geben, abtropfen lassen, in Streifen schneiden und ebenfalls in den Mixbehälter geben. Das Einweichwasser nicht wegschütten.
- Die Knoblauchzehe schälen und grob hacken.
- Die Rosmarinnadeln vom Zweig zupfen.
- Das Basilikum grob zerkleinern.
- Die Knoblauchzehe, den Rosmarin, das Basilikum mit dem Öl, Essig und Einweichwasser ebenfalls in den Mixbehälter geben.
- So lange mixen, bis alles fein zerkleinert, aber noch ein wenig »stückig« ist. Das Pesto bitte nicht zu Mus verarbeiten.
- Das Tomatenpesto mit Salz und Pfeffer abschmecken und vor dem Servieren etwa 20 Minuten im Kühlschrank ziehen lassen.

ZUCCHINIDIP

3 kleine Zucchini (etwa 400 g)
1 kleine Schalotte
1 – 2 Knoblauchzehen
5 – 6 EL Mandelmilch (siehe Seite 99)
2 EL Olivenöl
1 EL Weißweinessig
½ – 1 TL Meersalz
2 – 3 EL fein gehackte glatte Petersilie
frisch gemahlener weißer Pfeffer

- Die Zucchini schälen und in Scheiben schneiden.
- Die Schalotte und die Knoblauchzehen schälen und grob hacken.
- Die Schalotte, Knoblauchzehen und Zucchini mit der Mandelmilch, dem Öl, Essig und Salz in den Mixbehälter geben und alles zu einer feinen Creme pürieren.
- Die Petersilie unterrühren und den Zucchinidip mit etwas Pfeffer abschmecken.
- Den Zucchinidip vor dem Servieren etwa 20 Minuten im Kühlschrank ziehen lassen.

Tipp: *Dieser milde, sehr helle Dip harmoniert mit den meisten Gemüsearten.*

ZUCCHINIDRESSING

1 kleiner Zucchino
1 kleine Knoblauchzehe
50 g Pinienkerne
4 – 5 Blätter Basilikum
60 – 70 ml Wasser
1 – 2 EL frisch gepresster Zitronensaft
Meersalz
frisch gemahlener weißer Pfeffer

- Den Zucchino schälen und in Scheiben schneiden.
- Die Knoblauchzehe schälen und grob hacken.
- Den Zucchino, die Knoblauchzehe, die Pinienkerne und das klein gezupfte Basilikum in den Mixbehälter geben.
- Das Wasser und den Zitronensaft hinzufügen.
- Alles fein cremig pürieren.
- Das Zucchinidressing mit Salz und Pfeffer abschmecken.

Tipp: *Das Zucchinidressing passt gut zu allen mediterranen Salaten und Gemüsearten.*

PFLANZENMILCH, NUSSMUSE UND MEHR

CASHEWMUS

für etwa 210 g Cashewmus

200 g Cashewkerne
etwa 4 EL Sonnenblumenöl oder Distelöl

- Die Cashewkerne mit dem Öl in den Mixbehälter geben und zu einer feinen Paste zermusen.
- In einem verschlossenen Glas im Kühlschrank hält sich das Cashewmus mehrere Wochen.

MANDELMUS

für etwa 210 g Mandelmus

200 g Mandeln
3 – 4 EL Mandelöl oder Sonnenblumenöl

- Die Mandeln mit dem Öl in den Mixbehälter geben und zu einer feinen Paste zermusen.
- In einem verschlossenen Glas im Kühlschrank hält sich das Mandelmus mehrere Wochen.

Tipp: Falls die Mandeln in Ihrem Mixgerät nicht fein zermahlen werden, sondern eher noch etwas »stückig« bleiben, sollten Sie noch etwas zusätzliches Öl hinzufügen.
Ein etwas milderes Mus erhalten Sie, wenn Sie die Mandeln 24 Stunden in etwas Wasser einweichen, sehr gut abtropfen lassen, enthäuten und dann mit dem Öl im Mixbehälter fein zermusen. Die Mandeln lassen sich so auch leichter zerkleinern. Dieses Mus hält sich im Kühlschrank jedoch nur 4 – 5 Tage.

DATTELSIRUP

15 getrocknete und entsteinte weiche Datteln
500 ml Wasser

- Die Datteln grob zerkleinern und mit dem Wasser in den Mixbehälter geben.
- So lange pürieren, bis die Datteln fein zerkleinert sind und die Flüssigkeit eine sirupartige Konsistenz angenommen hat.
- Den Dattelsirup in eine Flasche mit Deckel oder in ein großes, verschließbares Glas umfüllen und im Kühlschrank aufbewahren. Dort hält er sich 4 – 5 Tage.

Tipp: Die Süßkraft dieses Dattelsirups entspricht in etwa der von Agavendicksaft. Indem Sie noch mehr Datteln (bis zu 20 Stück) verwenden, erhöhen Sie die Süßkraft und der Sirup wird noch dickflüssiger.
Schütteln Sie die Flasche mit dem Dattelsirup bitte vor dem Gebrauch jeweils kurz durch.

HANFMILCH

HANFMILCH AUS UNGESCHÄLTEN HANFSAMEN

für etwa 500 ml Hanfmilch

85 g ungeschälte Hanfsamen (siehe Seite 37)
500 ml Wasser

- Die Hanfsamen in den Mixbehälter geben und kurz zerkleinern.
- Das Wasser hinzufügen und auf der höchsten Geschwindigkeitsstufe so lange mixen, bis die Flüssigkeit eine milchige Farbe angenommen hat und die Hanfsamen zerkleinert sind.

> **Tipp:** *Wenn Sie die Hanfmilch nach dem Pürieren durch ein Seihtuch absehen, wird sie etwas milder und heller.*

HANFMILCH AUS GESCHÄLTEN HANFSAMEN

für etwa 750 ml Hanfmilch

50 g geschälte Hanfsamen (siehe Seite 37)
750 ml Wasser

- Die Hanfsamen und das Wasser in den Mixbehälter geben und auf der höchsten Geschwindigkeitsstufe so lange mixen, bis die Flüssigkeit eine cremeweiße Farbe angenommen hat und etwas schaumig ist.
- Im Kühlschrank hält sich Hanfmilch 2 – 3 Tage.

> **Tipp:** *Die weißen, geschälten Hanfsamen sind zwar deutlich teurer als die ungeschälten, dafür aber bei der Herstellung von Hanfmilch sehr ergiebig. Sie können die Wassermenge sogar auf 1 l erhöhen. Die so entstandene Hanfmilch ist zwar etwas dünnflüssiger, aber immer noch sehr aromatisch.*

HANFSAMENMUS

für etwa 250 g Hanfsamenmus

200 g ungeschälte Hanfsamen (siehe Seite 37)
60 – 70 ml Sonnenblumenöl oder Distelöl

- Die Hanfsamen mit dem Öl in den Mixbehälter geben und zu einer feinen Paste zermusen.
- In einem verschlossenen Glas im Kühlschrank hält sich das Hanfsamenmus mehrere Wochen.

Tipp: *Wenn Sie, wie in diesem Rezept beschrieben, ungeschälte Hanfsamen verwenden, wird das Hanfsamenmus sehr dunkel.*
Ein cremeweißes Hanfsamenmus entsteht durch das Zermusen geschälter Hanfsamen. Bei der Herstellung von Hanfsamenmus aus geschälten Hanfsamen können Sie in der Regel etwas weniger Öl hinzufügen, sodass Sie mit 4 – 5 EL Öl auskommen sollten.
Besonders aromatisch wird das Hanfsamenmus, wenn Sie anstelle des Sonnenblumen- oder Distelöls Hanföl verwenden.

MANDELMILCH

für etwa 500 ml Mandelmilch

100 g Mandeln
etwa 300 ml Wasser zum Einweichen
500 ml Wasser zum Pürieren
1 – 1 ½ TL Roh-Rohrzucker
1 MSP feines Meersalz

- Die Mandeln mit dem Wasser übergießen und über Nacht darin quellen lassen.
- Die Mandeln in einen Durchschlag geben, kurz mit klarem Wasser abspülen und dann abtropfen lassen.
- Die Mandeln mit dem Wasser, dem Zucker und Salz in den Mixbehälter geben und auf der höchsten Geschwindigkeitsstufe sehr fein zerkleinern. Die Mandelmasse in einen Durchschlag, der mit einem frischen, nicht zu dicken Geschirrtuch ausgelegt ist, abgießen. Die Mandelmilch auffangen.
- Die Ecken des Tuches übereinanderlegen und die Mandelmasse mit den Händen so lange auspressen, bis keine Flüssigkeit mehr austritt.
- Im Kühlschrank hält sich Mandelmilch 2 – 3 Tage.

MOHNMILCH

für etwa 750 ml Mohnmilch

70 g Mohnsamen
250 ml Wasser zum Einweichen
750 ml Wasser zum Pürieren

- Die Mohnsamen mit dem Einweichwasser übergießen und 6 – 8 Stunden quellen lassen.
- Die Mohnsamen (eventuell in mehreren Portionen) in ein feines Sieb geben und mit klarem Wasser abspülen. Etwas abtropfen lassen.
- Die Mohnsamen mit dem Wasser zum Pürieren in den Mixbehälter geben und auf der höchsten Geschwindigkeitsstufe so lange mixen, bis die Flüssigkeit eine milchige Farbe angenommen hat und die Mohnsamen zerkleinert sind.
- Die Mohnmilch in einen Durchschlag, der mit einem frischen, dünnen Geschirrtuch ausgelegt ist, abgießen. Die Mohnmilch auffangen.
- Die Ecken des Geschirrtuches übereinanderlegen und die Mohnsamen mit den Händen so lange auspressen, bis keine Flüssigkeit mehr austritt.
- Im Kühlschrank hält sich Mohnmilch 2 – 3 Tage.

Tipp: Eine schmackhafte Möglichkeit, wie Sie die ausgedrückten Mohnsamen weiterverwenden können, finden Sie auf Seite 131.

MULTI-NUSSMUS

für etwa 325 g Multi-Nussmus

100 g Walnusskerne
100 g Haselnusskerne
100 g Mandeln
2 EL Walnussöl oder Haselnussöl
2 EL Mandelöl
1 MSP feines Meersalz

- Alle Zutaten in den Mixbehälter geben und zu einer feinen Paste zermusen.
- In einem verschlossenen Glas im Kühlschrank hält sich das Multi-Nussmus mehrere Wochen.

NUSSMILCH AUS NUSSMUSEN

Aus allen Nussmusen sowie aus Mandelmus lässt sich schnell und
unkompliziert leckere Nussmilch herstellen.

3 EL Nussmus oder Mandelmus
1 MSP feines Meersalz
500 ml kaltes Wasser

- Alle Zutaten in den Mixbehälter geben und so lange pürieren, bis eine
  fein cremige, etwas schaumige »Milch« entstanden ist.
- Die Nussmilch hält sich in einem verschließbaren Gefäß im Kühlschrank
  etwa 2 Tage.

*Tipp: Die Nussmilch kann nach Belieben durch das Hinzufügen von 2 –
3 EL Agavendicksaft gesüßt werden. Auch 3 getrocknete und entsteinte, in
Scheiben geschnittene weiche Datteln, die mitpüriert werden, sorgen für
eine feine Süße.*
*Noch cremiger wird die Nussmilch, wenn Sie 1 kleine, in Scheiben geschnit-
tene Banane mit den anderen Zutaten pürieren.*

SESAMMUS (TAHIN)

für etwa 225 g Sesammus

200 g geschälte Sesamsamen
4 – 5 EL Sesamöl

- Alle Zutaten in den Mixbehälter geben und zu einer feinen Paste zermusen.
- In einem verschlossenen Glas im Kühlschrank hält sich das Sesammus mehrere Wochen.

> **Tipp:** *Durch die Verwendung von Sesamsamen in Kombination mit Sesamöl schmeckt das Mus sehr aromatisch. Wenn Sie ein geschmacklich etwas milderes Mus vorziehen, können Sie das Sesamöl durch Sonnenblumen- oder Distelöl ersetzen.*
> *Alle, die den nussigen, zart bitteren Geschmack von Sesam besonders schätzen, können statt der geschälten Sesamsamen die dunkleren, ungeschälten Sesamsamen zusammen mit Sesamöl verwenden. Das so zubereitete Mus ist sehr würzig.*

SÜSSES PARANUSSMUS

für etwa 250 g Paranussmus

200 g Paranusskerne
3 – 4 EL Sonnenblumenöl oder Distelöl
2 EL Agavendicksaft
1 MSP feines Meersalz

- Alle Zutaten in den Mixbehälter geben und zu einer feinen Paste zermusen.
- In einem verschlossenen Glas im Kühlschrank hält sich das Paranussmus mehrere Wochen.

Tipp: *Besonders aromatisch wird das Paranussmus, wenn Sie zusätzlich das ausgekratzte Mark einer halben Vanilleschote in den Mixbehälter geben.*

VANILLE-HASELNUSS-MUS

für knapp 300 g Vanille-Haselnuss-Mus

200 g Haselnusskerne
5 – 6 EL Agavendicksaft
5 – 6 EL Sonnenblumenöl
Mark einer halben Vanilleschote
1 MSP feines Meersalz

- Alle Zutaten in den Mixbehälter geben und zu einer feinen Paste zermusen.
- In einem verschlossenen Glas im Kühlschrank hält sich das Vanille-Haselnuss-Mus mehrere Wochen.

Tipp: Besonders aromatisch wird das Vanille-Haselnuss-Mus, wenn Sie 3 EL des Sonnenblumenöls durch Haselnussöl ersetzen.

GEMÜSEZUBEREITUNGEN UND GEKEIMTES

POWERFRÜHSTÜCK MIT KEIMLINGEN

1 Banane
3 getrocknete und entsteinte weiche Datteln
50 g Haselnusskerne
200 ml kalte Mandelmilch (siehe Seite 99)
2 EL Hanfsamenmus (siehe Seite 98)
1 TL Sesammus (siehe Seite 103)
1 MSP feines Meersalz
4 EL gekeimte Nacktgerste (siehe Seite 25)
4 EL gekeimter Buchweizen (siehe Seite 25)

* Die Banane schälen und in Scheiben schneiden.
* Die Datteln grob zerkleinern.
* Die Banane mit den Datteln, den Haselnusskernen, der Mandelmilch,
  dem Hanfsamenmus, Sesammus und dem Salz in den Mixbehälter
  geben und alles fein cremig pürieren.
* Die Creme auf zwei große Suppentassen oder Dessertschalen verteilen.
* Die gekeimte Nacktgerste und den gekeimten Buchweizen auf beiden
  Portionen verteilen und vorsichtig unterziehen.

Tipp: Statt der gekeimten Nacktgerste und des gekeimten Buchweizens
können Sie auch andere Getreidekeimlinge oder auch gekeimte Sonnenblumenkerne (siehe Seite 26) verwenden.
Für den ganz großen Frühstückshunger können Sie zusätzlich noch 1 grob
geraspelten Apfel oder 150 g Beerenobst wie Himbeeren, Heidelbeeren und
Brombeeren oder 1 große, fein gewürfelte Nektarine unterrühren.

BLUMENKOHL-TABOULÉ

1 – 2 Knoblauchzehen
1 Bund krause Petersilie
2 – 3 Blätter Minze
4 EL Sonnenblumenkerne
4 EL Walnusskerne
1 TL Meersalz
½ kleiner Blumenkohl
3 Tomaten
2 kleine Frühlingszwiebeln
Saft und Schale einer halben unbehandelten Zitrone
3 – 4 EL Olivenöl
2 MSP gemahlener Kreuzkümmel
2 MSP gemahlener Koriander
Meersalz
frisch gemahlener schwarzer Pfeffer

- Die Knoblauchzehen schälen und grob hacken.
- Die Petersilie mit den Stängeln grob zerkleinern.
- Die Knoblauchzehen und die Petersilie mit den grob zerkleinerten Minzeblättern, den Sonnenblumenkernen, Walnusskernen und dem Salz in den Behälter der Küchenmaschine oder des Mixers geben und alles wie zu einem Pesto zerkleinern. Die Mischung in eine Salatschüssel umfüllen.
- Den Blumenkohl in kleine Röschen teilen und in den Mixbehälter geben. So lange zerkleinern, bis er fein körnig wirkt. Auf keinen Fall zermusen.
- Den Blumenkohl ebenfalls in die Schüssel geben.
- Die Tomaten grob würfeln und im Mixbehälter mittelfein zerkleinern, aber nicht zermusen. Ebenfalls in die Schüssel geben.
- Die Frühlingszwiebeln in feine Scheibchen schneiden und zum Gemüse in die Schüssel geben.
- Den Zitronensaft und die Zitronenschale, das Öl, den Kreuzkümmel und Koriander hinzufügen.
- Alles vorsichtig vermischen und mit Salz und Pfeffer abschmecken.
- Den Blumenkohl-Taboulé 30 – 40 Minuten im Kühlschrank ziehen lassen.
- Vor dem Servieren, falls notwendig, mit noch etwas Salz und Pfeffer nachwürzen.

CHICORÉESCHIFFCHEN MIT KAROTTEN-INGWER-FÜLLUNG

2 Karotten
1 Apfel
1 kirschgroßes Stück Ingwer
5 EL Walnusskerne
5 – 6 EL Apfelsaft
1 EL Apfel-Balsamessig
1 TL mildes Currypulver
2 EL fein gehackte glatte Petersilie
Meersalz
frisch gemahlener weißer Pfeffer
1 Chicorée

- Die Karotten schälen und in Scheiben schneiden. Den Apfel vierteln, entkernen und grob würfeln. Den Ingwer schälen und grob zerkleinern.
- Die Karotten, den Apfel und Ingwer in den Mixbehälter geben.
- Die Walnusskerne, den Apfelsaft, Essig und das Currypulver hinzufügen.
- Alles mittelfein zerkleinern, sodass die Karotten, der Apfel und die Walnusskerne noch etwas »stückig« sind. Die Petersilie unterziehen und die Karotten-Ingwer-Füllung mit Salz und Pfeffer abschmecken.
- Vom Chicorée die einzelnen Blätter ablösen. Die Füllung auf die Blätter geben und die Chicoréeschiffchen genießen.

Tipp: *Die Füllung schmeckt auch gut auf den einzeln abgelösten Blättern eines Romanasalates. Noch gehaltvoller werden die Chicoréeschiffchen, wenn Sie sie mit 5 – 6 EL gekeimtem Weizen, gekeimter Nacktgerste oder gekeimtem Nackthafer (siehe Seite 25) überstreuen.*

GEFÜLLTE GURKE MIT KEIMLINGEN

1 Salatgurke
2 EL Cashewmus (siehe Seite 95)
1 Knoblauchzehe
2 knapp gestrichene TL Guarkernmehl
4 EL enthäutete und gemahlene Mandeln
2 EL Hefeflocken (falls erwünscht)
2 – 3 Spritzer Zitronensaft
Meersalz
frisch gemahlener weißer Pfeffer
3 EL gekeimter Nackthafer (siehe Seite 25)
3 EL gekeimte Sonnenblumenkerne (siehe Seite 26)
2 EL fein gehackte krause Petersilie
1 EL fein gehackter Dill

- Die Salatgurke der Länge nach halbieren. Danach jede Hälfte in zwei Teile schneiden, sodass vier gleich große Gurkenstücke entstehen.
- Die Gurkenstücke mit einem Melonenausstecher oder scharfkantigen Metalllöffel auskratzen, sodass nur noch ein schmaler Rand übrig bleibt.
- Das ausgekratzte Innere der Gurke mit dem Cashewmus, der geschälten und grob gehackten Knoblauchzehe sowie dem Guarkernmehl in den Mixbehälter geben.
- Alles fein cremig pürieren.
- Die Mandeln und Hefeflocken dazugeben und nochmals kurz pürieren.
- Die Füllung herzhaft mit etwas Zitronensaft sowie Salz und Pfeffer abschmecken.
- Den Nackthafer, die Sonnenblumenkerne sowie die Petersilie und den Dill unterziehen.
- Die Füllung abgedeckt im Kühlschrank etwa 20 Minuten ziehen lassen.
- Zum Servieren die Füllung in die ausgehöhlten Gurkenstücke geben.

Tipp: Sollten die Gurkenstücke während der Ruhezeit der Füllung Wasser ziehen, tupfen Sie sie bitte vor dem Füllen mit etwas Küchenpapier ab.
Falls Sie kein Guarkernmehl zum Binden der Füllung zur Hand haben, können Sie auch Johannisbrotkernmehl verwenden.
Wenn Sie die Füllung nicht mit Hefeflocken (weil sie nicht roh sind) würzen möchten, sollten Sie etwas mehr Salz verwenden.

GEFÜLLTE PAPRIKA

2 rote Paprikaschoten

Für die Füllung:
1 kleine Schalotte
1 Freilandgurke (etwa 150 g)
100 g Sonnenblumenkerne
3 Borretschblätter
4 – 5 EL Wasser
1 TL weißer Balsamessig
Meersalz
frisch gemahlener weißer Pfeffer

- Die Paprikaschoten halbieren und entkernen.
- Für die **Füllung** die Schalotte schälen und grob würfeln.
- Die Freilandgurke in Scheiben schneiden.
- Die Schalotte und Freilandgurke mit den verbliebenen Zutaten in den Mixbehälter geben und alles fein cremig pürieren.
- Die Füllung herzhaft mit Salz und Pfeffer abschmecken und auf die Paprikahälften verteilen.

Tipp: Falls Sie keinen Borretsch zur Hand haben, können Sie stattdessen 1 Stängel Dill verwenden. Zupfen Sie die Blätter vom Stängel ab und geben Sie diese mit den anderen Zutaten für die Füllung in den Mixbehälter.

GEFÜLLTE ZUCCHINI

2 mittelgroße Zucchini
1 kleine Frühlingszwiebel
1 Tomate
1 kleine Knoblauchzehe
5 Blätter Basilikum
3 Blätter Majoran
5 – 6 EL Wasser
100 g Sonnenblumenkerne
1 TL Johannisbrotkernmehl oder Guarkernmehl
Meersalz
frisch gemahlener weißer Pfeffer
6 grüne oder schwarze Oliven

- Die Zucchini der Länge nach halbieren und das Fruchtfleisch mit einem Melonenausstecher oder einem scharfkantigen Metalllöffel auskratzen.
- Die Frühlingszwiebel in Scheiben schneiden.
- Die Tomate grob würfeln.
- Die geschälte Knoblauchzehe, das Basilikum und den Majoran grob hacken.
- Das Fruchtfleisch der Zucchini, die Frühlingszwiebel, Tomate, Knoblauchzehe, das Basilikum und den Majoran in den Mixbehälter geben.
- Das Wasser hinzufügen und alles zu einer glatten Creme pürieren.
- Die Sonnenblumenkerne und das Johannisbrotkernmehl dazugeben und alles nochmals gründlich pürieren.
- Die Creme herzhaft mit Salz und Pfeffer abschmecken.
- Die ausgehöhlten Zucchini mit der Creme füllen.
- Die Oliven entsteinen, fein hacken und die Zucchinihälften damit überstreuen.

Tipp: *Falls Sie zum Binden kein Johannisbrotkernmehl oder Guarkernmehl verwenden möchten, können Sie stattdessen 2 – 3 EL fein gemahlene Mandeln mit in den Mixbehälter geben.*

Wahrscheinlich bleibt nach dem Füllen der Zucchini noch ein kleiner Rest an Creme übrig. Sie können diesen Rest am nächsten Tag als leckeren Belag auf Brot oder Crackern oder als eine Portion Dip verwenden.

Es spricht natürlich auch nichts dagegen, wenn Sie mit der Zucchinicreme keine Zucchini füllen, sondern die Creme von vornherein als leckeren, mediterranen Dip »umfunktionieren«. Kratzen Sie dafür die Zucchini jedoch nicht aus, sondern schälen Sie die beiden Zucchini, schneiden Sie diese in Scheiben und geben Sie sie mit den anderen Zutaten in den Mixbehälter.

GEFÜLLTE TOMATEN

2 Fleischtomaten
1 reife Avocado
1 kleine Knoblauchzehe
8 Blätter Basilikum
1 TL roter Balsamessig
Meersalz
frisch gemahlener schwarzer Pfeffer

- Von den Fleischtomaten die Stielansätze mit einem scharfen Messer herausschneiden. Danach jeweils einen dünnen Deckel abschneiden.
- Das Tomateninnere mit einem Metalllöffel ausschaben und in den Mixbehälter geben.
- Die Avocado halbieren und den Kern entfernen. Das Fruchtfleisch auslöffeln und ebenfalls in den Mixbehälter geben.
- Die geschälte und grob zerkleinerte Knoblauchzehe sowie 6 Basilikumblätter und den Essig hinzufügen und alles fein cremig pürieren.
- Herzhaft mit Salz und Pfeffer abschmecken.
- Die Füllung auf die Tomaten verteilen und die Deckel aufsetzen.
- Die gefüllten Tomaten mit den verbliebenen Basilikumblättern garnieren und servieren.

GEKEIMTER WEIZEN IN FRUCHTIGER SAUCE

1 Apfel
1 Birne
1 Orange
1 Karotte
2 EL Multi-Nussmus (siehe Seite 101)
2 MSP gemahlene Bourbonvanille
80 – 100 g gekeimter Weizen (siehe Seite 25)
2 TL Roh-Rohrzucker

- Den Apfel und die Birne jeweils vierteln, entkernen und grob würfeln.
- Die Orange schälen, in Spalten teilen und, falls notwendig, die Kerne entfernen.
- Die Karotte schälen und in Scheiben schneiden.
- Das Obst und die Karotte mit dem Nussmus und der Vanille in den Mixbehälter geben und alles fein cremig pürieren.
- Die Fruchtsauce auf zwei Dessertschälchen verteilen.
- Den gekeimten Weizen in zwei Portionen teilen und vorsichtig unterziehen.
- Jede Portion mit 1 TL Zucker überstreuen und servieren.

Tipp: Diese fruchtige Kombination aus Obst und Getreide schmeckt zum Frühstück oder als kleine, süße Hauptmahlzeit. Anstelle von gekeimtem Weizen oder zur Abwechslung können Sie auch gekeimten Buchweizen (siehe Seite 25), gekeimte Nacktgerste (siehe Seite 25), gekeimte Quinoasamen (siehe Seite 26) oder gekeimte Sonnenblumenkerne (siehe Seite 26) verwenden.

ROTKRAUT MIT CREMEDRESSING UND KEIMLINGEN

Für das Cremedressing:
1 kleine Karotte
1 kleine Banane
1 kirschgroßes Stück Ingwer
70 g geschälte Rote Bete
4 – 5 EL Wasser
1 ½ EL roter Balsamessig
1 EL Multi-Nussmuss (siehe Seite 101)
Meersalz
frisch gemahlener schwarzer Pfeffer

250 g Rotkraut
3 EL gekeimte Quinoasamen (siehe Seite 26)
3 EL gekeimte Braunhirse (siehe Seite 25)
3 EL gekeimter Weizen oder Nackthafer (siehe Seite 25)
3 EL fein gehackte krause Petersilie

- Für das **Cremedressing** die Karotte schälen und in Scheiben schneiden.
- Die Banane schälen und in Scheiben schneiden.
- Den Ingwer schälen und grob hacken.
- Die geschälte Rote Bete grob zerkleinern.
- Die Karotte, Banane, Rote Bete und den Ingwer in den Mixbehälter geben.
- Das Wasser, den Essig und das Nussmus hinzufügen. Alles fein cremig pürieren.
- Das Dressing mit Salz und Pfeffer würzen.
- Das Rotkraut von Hand oder mit der Küchenmaschine fein raspeln und in einer Schüssel mit dem Dressing vermischen.
- Abgedeckt etwa 20 Minuten ziehen lassen.
- Den Rotkrautsalat nochmals mit Salz und Pfeffer abschmecken.
- Die gekeimten Quinoasamen, die gekeimte Braunhirse und den gekeimten Weizen oder Nackthafer sowie die Petersilie vorsichtig unterziehen und das Rotkraut servieren.

SALATWRAPS MIT
AVOCADO-MUNGBOHNEN-FÜLLUNG

1 kleine Frühlingszwiebel
1 kleine Knoblauchzehe
½ Zucchino
1 reife Avocado
1 EL weißer Balsamessig
1 Tomate
2 EL fein gehackte krause Petersilie
2 EL fein gehackter Schnittlauch
Meersalz
frisch gemahlener weißer Pfeffer
5 – 6 EL gekeimte Mungbohnen (siehe Seite 26)
6 – 8 Blätter Romanasalat

- Die Frühlingzwiebel in Scheiben schneiden.
- Die Knoblauchzehe schälen und grob zerkleinern.
- Den Zucchino in Scheiben schneiden.
- Den Zucchino, die Frühlingszwiebel und Knoblauchzehe in den Mixbehälter geben.
- Die Avocado halbieren und den Kern entfernen. Das Fruchtfleisch auslöffeln und ebenfalls in den Mixbehälter geben.
- Den Essig hinzufügen und alles fein cremig pürieren.
- Die Avocadozubereitung in eine Schüssel umfüllen.
- Die Tomate fein würfeln und mit der Petersilie und dem Schnittlauch unter die Avocado rühren.
- Die Füllung herzhaft mit Salz und Pfeffer abschmecken.
- Die gekeimten Mungbohnen vorsichtig unterziehen.
- Die Füllung auf den Salatblättern verteilen, die Blätter locker zusammenrollen und servieren.

Tipp: Anstelle des Romanasalates können Sie auch kleine Chinakohlblätter oder Wirsingblätter verwenden.
Wenn Sie andere Sprossen als Mungbohnensprossen verwenden möchten, können Sie auch Adzukibohnensprossen oder Linsensprossen unterziehen.

PIKANTE KALTSCHALEN

BLUMENKOHL-AVOCADO-SUPPE

1 kleine Frühlingszwiebel
1 kleine Knoblauchzehe
½ kleiner Blumenkohl
300 ml Wasser
1 reife Avocado
3 EL frisch gepresster Zitronensaft
3 EL fein gehackter Schnittlauch
Meersalz
frisch gemahlener weißer Pfeffer

- Die Frühlingszwiebel in Scheiben schneiden.
- Die Knoblauchzehe schälen und grob zerkleinern.
- Den Blumenkohl ebenfalls zerkleinern.
- Die Frühlingszwiebel, Knoblauchzehe und den Blumenkohl in den Mixbehälter geben.
- Das Wasser hinzufügen und alles kurz pürieren.
- Die Avocado halbieren und den Kern entfernen. Das Fruchtfleisch auslöffeln und mit dem Zitronensaft in den Mixbehälter geben.
- Alles fein cremig pürieren.
- Den Schnittlauch unterrühren und die Blumenkohl-Avocado-Suppe herzhaft mit Salz und Pfeffer abschmecken.

Tipp: Es sieht nicht nur schön aus, sondern schmeckt auch gut, wenn Sie auf der Suppe 4 EL gekeimte Mungbohnen (siehe Seite 26) oder gekeimte Adzukibohnen verteilen.

CREMIGE TOMATENSUPPE

5 vollreife Tomaten
1 kleine Schalotte
1 kleine Knoblauchzehe
1 reife Avocado
1 ½ EL frisch gepresster Zitronensaft
3 Blätter Majoran
2 Blätter Salbei
1 TL mildes Paprikapulver
Meersalz
frisch gemahlener schwarzer Pfeffer

- Die Tomaten grob würfeln.
- Die Schalotte und Knoblauchzehe schälen und grob zerkleinern.
- Die Avocado halbieren und den Kern entfernen. Das Fruchtfleisch auslöffeln und mit den Tomaten, der Schalotte und Knoblauchzehe in den Mixbehälter geben.
- Den Zitronensaft, die grob zerkleinerten Kräuter sowie das Paprikapulver hinzufügen.
- Alles fein cremig pürieren.
- Die Tomatensuppe herzhaft mit Salz und Pfeffer abschmecken und servieren.

Tipp: Wenn man einen Standmixer mit einem leistungsstarken Motor verwendet, werden sowohl das Fruchtfleisch als auch die Kerne der Tomaten fein zerkleinert, sodass eine glatte Creme entsteht. Sollte Ihr Mixer nicht ganz so viel »Power« haben, können Sie die Tomaten vor dem Pürieren auch entkernen. Verwenden Sie dann bitte insgesamt 6 Tomaten.

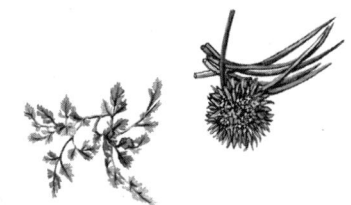

FRÜHLINGSGEMÜSESUPPE

1 kleine Frühlingszwiebel
½ Kohlrabi
1 reife Avocado
Saft einer halben kleinen Zitrone
150 ml eiskaltes Wasser
2 Karotten
1 EL fein gehackte glatte Petersilie
1 EL fein gehackter Bärlauch
1 EL fein gehackter Kerbel
1 EL fein gehackter Schnittlauch
Meersalz
frisch gemahlener weißer Pfeffer

- Die Frühlingszwiebel in Scheiben schneiden.
- Den Kohlrabi schälen und würfeln.
- Die Avocado halbieren, entkernen und das Fruchtfleisch auslöffeln. Das Fruchtfleisch mit dem Kohlrabi und der Frühlingszwiebel in den Mixbehälter geben.
- Den Zitronensaft und das Wasser hinzufügen. Alles fein cremig pürieren.
- Die Karotten schälen, in dünne Scheiben schneiden und zum pürierten Gemüse in den Mixbehälter geben. Alles nochmals kurz durchmixen, bis die Karottenscheiben fein stückig zerkleinert sind. Sie sollen nicht zu Mus püriert werden.
- Die Frühlingsgemüsesuppe in eine Schüssel umfüllen.
- Die fein gehackten Kräuter unterrühren.
- Die Suppe mit Salz und Pfeffer abschmecken und servieren.

Tipp: Mögen Sie frische, zarte Erbsen direkt aus der Schote? Wenn ja, können Sie noch 3 – 4 EL frisch ausgepalte Erbsen unter die Frühlingsgemüsesuppe rühren. Die Suppe schmeckt nicht nur im Frühling, sondern auch im Frühsommer, wenn die Erbsen Saison haben, prima.

GAZPACHO (SPANISCHE KALTE GEMÜSESUPPE)

2 vollreife Tomaten
½ Salatgurke
1 grüne Paprikaschote
1 rote Paprikaschote
1 große Frühlingszwiebel
1 – 2 Knoblauchzehen
10 Stängel glatte Petersilie
100 ml eiskaltes Wasser
2 EL Rotweinessig
4 EL Olivenöl
Meersalz
frisch gemahlener schwarzer Pfeffer
4 schwarze Oliven

- Die Tomaten in Spalten teilen. Die Salatgurke in Scheiben schneiden.
- Die Paprika entkernen und grob würfeln.
- Die Frühlingszwiebel in Scheiben schneiden.
- Den Knoblauch schälen und grob hacken.
- Von 8 Stängeln Petersilie die Blätter abzupfen.
- Das Gemüse und die abgezupften Petersilienblätter in den Mixbehälter geben. Das Wasser hinzufügen.
- Alles fein cremig pürieren.
- Den Essig und 2 EL Öl hinzufügen und nochmals kurz pürieren.
- Den Gazpacho herzhaft mit Salz und Pfeffer abschmecken und auf zwei große Suppentassen verteilen.
- Die Petersilienblätter von den verbliebenen 2 Stängeln abzupfen und fein hacken.
- Die Oliven entsteinen und fein hacken.
- Jede Portion Gazpacho mit 1 EL Öl überträufeln.
- Die fein gehackte Petersilie und die Oliven darübergeben und den Gazpacho servieren.

Tipp: Falls Sie eine sehr leistungsstarke Küchenmaschine oder einen leistungsstarken Standmixer besitzen, können Sie auf das Wasser meist sogar verzichten, wodurch der Gazpacho noch etwas sämiger wird.

GURKENCREMESUPPE

1 kleine Schalotte
1 kleine Knoblauchzehe
1 Salatgurke
1 reife Avocado
150 ml eiskaltes Wasser
2 EL weißer Balsamessig
2 – 3 EL Cashewmus (siehe Seite 95)
2 Blätter Borretsch
2 EL fein gehackte glatte Petersilie
2 EL fein gehackter Dill
Meersalz
frisch gemahlener weißer Pfeffer

- Die Schalotte und Knoblauchzehe schälen und grob hacken.
- Die Salatgurke grob würfeln.
- Die Avocado halbieren und den Kern entfernen.
- Die Schalotte, Knoblauchzehe, Salatgurke und das ausgelöffelte Fruchtfleisch der Avocado in den Mixbehälter geben.
- Das Wasser, den Essig, das Cashewmus und die grob zerkleinerten Borretschblätter hinzufügen und alles fein cremig pürieren.
- Die fein gehackte Petersilie und den Dill unterziehen und die Gurkencremesuppe herzhaft mit Salz und Pfeffer abschmecken.

Tipp: Besonders erfrischend schmeckt die Gurkencremesuppe, wenn Sie die Gurke und Avocado vor der Verwendung 1 – 2 Stunden in den Kühlschrank geben.
Die Gurkencremesuppe schmeckt nicht nur gut, sondern sieht auch richtig gut aus, wenn Sie jede Portion mit blauen Borretschblüten dekorieren.

PAPRIKA-KNOBLAUCH-SUPPE

4 rote Paprikaschoten
4 getrocknete Tomaten
2 Tomaten
1 kleine rote Zwiebel
4 – 6 Knoblauchzehen
3 EL Olivenöl
2 EL Rotweinessig
1 ½ TL Meersalz
frisch gemahlener schwarzer Pfeffer
2 kleine Zweige Rosmarin
2 – 3 EL fein gehacktes Basilikum

- Die Paprika entkernen und grob würfeln.
- Die getrockneten Tomaten in feine Streifen schneiden.
- Die frischen Tomaten grob würfeln.
- Die Zwiebel schälen und grob hacken.
- Die Knoblauchzehen schälen und mit dem Messerrücken leicht andrücken.
- Die Paprika, Tomaten, Zwiebel und Knoblauchzehen in eine Schüssel geben.
- Das Öl, den Essig und das Salz hinzufügen. Mit etwas Pfeffer würzen.
- Die Zutaten kurz mit einem Löffel vermischen. Dann mit den Händen leicht verkneten, damit die Aromen besser freigesetzt werden.
- Die beiden Rosmarinzweige hinzufügen und das Gemüse abgedeckt bei Raumtemperatur etwa 4 Stunden ziehen lassen.
- Die Knoblauchzehen und Rosmarinzweige entfernen.
- Das Gemüse in den Mixbehälter geben.
- Die Nadeln eines Rosmarinzweiges hinzufügen.
- Alles fein cremig pürieren.
- Falls notwendig, die Paprika-Knoblauch-Suppe mit noch etwas Salz und mit Pfeffer abschmecken.
- Die Suppe auf große Suppentassen verteilen, mit dem Basilikum überstreuen und servieren.

RATATOUILLESUPPE

1 Frühlingszwiebel
1 – 2 Knoblauchzehen
1 mittelgroßer Zucchino
4 (nicht zu große) Tomaten
200 ml Wasser
1 gelbe Paprikaschote
1 rote Paprikaschote
1 ½ EL roter Balsamessig
2 – 3 EL Olivenöl
1 EL fein gehacktes Basilikum
1 TL fein gehackter Thymian
1 TL fein gehackter Oregano
1 TL fein gehackter Majoran
½ TL fein gehackter Rosmarin
Meersalz
frisch gemahlener schwarzer Pfeffer

- Die Frühlingszwiebel in Scheiben schneiden.
- Die Knoblauchzehen schälen und grob hacken.
- Den Zucchino schälen und in Scheiben schneiden.
- Die Frühlingszwiebel, Knoblauchzehen und den Zucchino in den Mixbehälter geben.
- Die Tomaten grob würfeln und mit dem Wasser hinzufügen.
- Alles fein cremig pürieren.
- Die Paprika entkernen und grob würfeln. Mit dem Essig und Öl in den Mixbehälter geben. Alles nochmals vorsichtig durchmixen, bis die Paprika fein stückig zerkleinert, aber auf keinen Fall zermust sind.
- Die Kräuter unterziehen und die Ratatouillesuppe herzhaft mit Salz und Pfeffer abschmecken.

ROTE-BETE-SUPPE

1 Rote Bete (etwa 350 g)
100 g Süßkartoffel
1 kleine Karotte
1 kleine Schalotte
250 ml kalter Apfelsaft oder kaltes Wasser
2 – 3 EL Multi-Nussmuss (siehe Seite 101)
2 EL Apfelessig
80 g Pastinake
3 EL fein gehackte krause Petersilie
Meersalz
frisch gemahlener weißer Pfeffer

- Die Rote Bete schälen und grob würfeln.
- Die Süßkartoffel und Karotte schälen und in Scheiben schneiden.
- Die Schalotte schälen und grob hacken.
- Die Rote Bete, Süßkartoffel, Karotte und Schalotte in den Mixbehälter geben.
- Den Apfelsaft oder das Wasser, das Multi-Nussmus und den Apfelessig hinzufügen. Alles fein cremig pürieren.
- Die Pastinake schälen und grob würfeln. Zu den anderen Zutaten in den Mixbehälter geben. Alles nochmals so lange durchmixen, bis die Pastinake fein stückig zerkleinert ist. Sie sollte auf keinen Fall zermust werden.
- Die Petersilie unterrühren und die Rote-Bete-Suppe herzhaft mit Salz und Pfeffer abschmecken.

Tipp: *Noch gehaltvoller wird die Rote-Bete-Suppe, wenn Sie 3 – 4 EL gekeimten Buchweizen (siehe Seite 25) zusätzlich in den Mixbehälter geben und mit den anderen Zutaten fein pürieren.*

SCHARFE KÜRBISSUPPE

250 g geschälter Kürbis
100 g geschälte Süßkartoffel
1 kleine geschälte Karotte (etwa 50 g)
1 Knoblauchzehe
½ rote Peperoni
1 kirschgroßes Stück Ingwer
300 ml Wasser
3 EL Cashewmus (siehe Seite 95) oder Mandelmus (siehe Seite 95)
2 EL weißer Balsamessig
3 EL fein gehackte glatte Petersilie
Meersalz
4 EL geschälte grüne Kürbiskerne

- Den Kürbis und die Süßkartoffel in Würfel schneiden.
- Die Karotte in Scheiben schneiden.
- Die Knoblauchzehe schälen und grob hacken.
- Die Peperoni entkernen und in Scheiben schneiden.
- Den Ingwer schälen und grob hacken.
- Den Kürbis und Ingwer, die Süßkartoffel, Karotte, Knoblauchzehe und Peperoni in den Mixbehälter geben.
- Das Wasser, Cashewmus oder Mandelmus sowie den Essig hinzufügen und alles fein cremig pürieren.
- Die Petersilie unterrühren und die Kürbissuppe mit etwas Salz abschmecken.
- Die Kürbissuppe auf zwei Suppenteller verteilen.
- Die Kürbiskerne mittelfein hacken und die Suppe vor dem Servieren damit überstreuen.

Tipp: Dreifach gut nach Kürbis schmeckt die Suppe, wenn Sie sie vor dem Servieren noch mit 2 – 3 EL Kürbiskernöl überträufeln.

SPARGEL-MANDEL-SUPPE

60 g Mandeln
300 g geschälter weißer Spargel
1 kleine Frühlingszwiebel
½ kleine Banane
250 ml Wasser
Saft einer halben Zitrone
2 MSP fein abgeriebene Zitronenschale
Meersalz
frisch gemahlener weißer Pfeffer
4 – 5 EL Kresse

- Die Mandeln in den Mixbehälter geben und fein zerkleinern.
- Den Spargel in Stücke schneiden.
- Die Frühlingszwiebel und Banane in Scheiben schneiden.
- Den Spargel, die Frühlingszwiebel und Banane zu den Mandeln in den Mixbehälter geben.
- Das Wasser, den Zitronensaft und die Zitronenschale hinzufügen.
- Alles fein cremig pürieren.
- Die Spargel-Mandel-Suppe herzhaft mit Salz und Pfeffer abschmecken.
- Die Suppe auf große Suppentassen verteilen und vor dem Servieren mit der Kresse überstreuen.

Tipp: *Noch reichhaltiger wird die Spargel-Mandel-Suppe, wenn Sie jede Portion mit 1 EL Mandelöl oder Olivenöl überträufeln.*

WEISSER GAZPACHO

50 g Cashewkerne
200 ml Wasser zum Einweichen
1 kleiner Zucchino
½ Kohlrabi
½ Salatgurke
1 Stange Staudensellerie mit Grün
1 kleine Schalotte
1 kleine Knoblauchzehe
2 – 3 EL frisch gepresster Zitronensaft
2 MSP fein abgeriebene Zitronenschale
150 ml eiskaltes Wasser
Meersalz
frisch gemahlener weißer Pfeffer
2 – 3 EL Olivenöl
2 – 3 EL fein gehackte glatte Petersilie

- Die Cashewkerne etwa 4 Stunden im Wasser quellen lassen.
- Danach die Cashewkerne in ein Sieb geben, kurz mit klarem Wasser abbrausen und abtropfen lassen.
- Den Zucchino schälen und grob würfeln.
- Den Kohlrabi und die Salatgurke ebenfalls schälen und grob würfeln.
- Den Staudensellerie in Scheiben schneiden.
- Die Schalotte und Knoblauchzehe schälen und grob hacken.
- Das Gemüse mit dem Zitronensaft, der Zitronenschale und dem Wasser in den Mixbehälter geben und alles fein cremig pürieren.
- Mit Salz und Pfeffer abschmecken.
- Den Gazpacho auf zwei große Suppentassen verteilen und mit dem Olivenöl überträufeln.
- Mit der Petersilie überstreuen und servieren.

SÜSSE KALTSCHALEN

BANANEN-MOHN-SUPPE

3 kleine Bananen
Saft einer halben Zitrone
2 MSP fein abgeriebene Zitronenschale
150 ml kalte Mohnmilch (siehe Seite 100)
3 EL Mohnsamen (von der Herstellung der Mohnmilch)
1 – 2 EL Cashewmus (siehe Seite 95)
3 – 4 EL gekeimte Quinoasamen (siehe Seite 26)

- Die Bananen schälen und in Scheiben schneiden, mit dem Zitronensaft und der Zitronenschale in den Mixbehälter geben.
- Die Mohnmilch, Mohnsamen und das Cashewmus hinzufügen und alles fein cremig pürieren.
- Die Suppe auf zwei Suppenteller verteilen und mit den gekeimten Quinoasamen überstreuen.

Tipp: Dies ist eine schmackhafte Methode, die von der Zubereitung der Mohnmilch übrig gebliebenen Mohnsamen zu verwenden.
Falls Sie keine hausgemachte Mohnmilch zur Hand haben, können Sie auch eine andere Pflanzenmilch und unverarbeitete Mohnsamen aus der Packung verwenden.
Besonders aromatisch wird die Bananen-Mohn-Suppe, wenn Sie jede Portion zusätzlich mit 1 EL Mohnöl überträufeln.

APRIKOSEN-MANDEL-SUPPE

60 g Mandeln
400 g entsteinte Aprikosen
150 ml Mandelmilch (siehe Seite 99)
3 EL Roh-Rohrzucker
2 – 3 EL frisch gepresster Zitronensaft
4 Zweige blühender Lavendel

- Die Mandeln enthäuten. (Wie das geht, steht auf Seite 49.)
- Die Mandeln mit den grob zerkleinerten Aprikosen, der Mandelmilch, dem Zucker und Zitronensaft in den Mixbehälter geben und so lange pürieren, bis alles schön zerkleinert, aber noch etwas »stückig« ist.
- Die Lavendelblüten von den Zweigen abzupfen und ebenfalls in den Mixbehälter geben. Alles nochmals ganz kurz pürieren.
- Die Aprikosen-Mandel-Suppe vor dem Servieren etwa 60 Minuten im Kühlschrank durchkühlen lassen.

Tipp: *Sollten Sie keinen blühenden Lavendel zur Verfügung haben, können Sie stattdessen ½ TL getrocknete Lavendelblüten verwenden.*
Noch sättigender wird die Aprikosen-Mandel-Suppe, wenn Sie zusätzlich 2 EL Mandelmus (siehe Seite 95) unterrühren und jede Portion mit 2 EL gekeimtem Weizen (siehe Seite 25) überstreuen.

BIRNEN-APFEL-SUPPE

75 g Paranusskerne
2 reife Birnen
4 getrocknete weiche Feigen
2 – 3 EL frisch gepresster Zitronensaft
100 ml Mandelmilch (siehe Seite 99)
1 TL Sesammus (siehe Seite 103)
1 großer Apfel
2 – 3 EL fein gehackte getrocknete Gojibeeren (siehe Seite 36)

- Die Paranusskerne in den Mixbehälter geben und kurz zerkleinern.
- Die Birnen vierteln, entkernen und grob würfeln.
- Die Feigen grob hacken.
- Die Birnen mit den Feigen, dem Zitronensaft, der Mandelmilch und dem Sesammus in den Mixbehälter geben.
- Alles fein cremig pürieren.
- Den Apfel vierteln, entkernen und grob würfeln.
- Den Apfel zu den anderen Zutaten in den Mixbehälter geben und so lange pürieren, bis er mittelfein zerkleinert ist. Er sollte noch etwas »stückig« bleiben.
- Die Birnen-Apfel-Suppe auf zwei Suppenteller oder große Suppentassen verteilen.
- Mit den Gojibeeren überstreuen und servieren.

Tipp: Falls keine getrockneten Gojibeeren zur Hand sind, können Sie auch getrocknete Cranberrys verwenden.

CREMIGE ERDBEERSUPPE

500 g geputzte Erdbeeren
75 ml kalte Mandelmilch (siehe Seite 99)
3 – 4 EL Roh-Rohrzucker
2 MSP gemahlene Bourbonvanille
1 reife Avocado
3 – 4 EL fein gehacktes Basilikum

- Von den Erdbeeren 350 g abnehmen, halbieren und in den Mixbehälter geben.
- Die verbliebenen Erdbeeren fein würfeln und beiseite legen.
- Die Mandelmilch, den Zucker und die Vanille ebenfalls in den Mixbehälter geben.
- Die Avocado halbieren, den Kern entfernen und das ausgelöffelte Fruchtfleisch in den Mixbehälter geben.
- Alles so lange pürieren, bis eine feine Creme entstanden ist.
- Das Basilikum unterziehen.
- Die Erdbeersuppe in zwei Suppenteller geben.
- Die verbliebenen Erdbeeren auf der Suppe verteilen und die Suppe servieren.

Tipp: Davon kann man, wenn die köstlich süßen Erdbeeren Saison haben, gar nicht genug bekommen!
Einen noch höheren Vitaminschub erhalten Sie, wenn Sie die Erdbeersuppe vor dem Servieren zusätzlich mit 3 EL fein gehackten getrockneten Gojibeeren überstreuen.

HEIDELBEERSUPPE MIT CHIASAMEN

400 g Heidelbeeren
250 ml Mandelmilch (siehe Seite 99)
3 EL süßes Paranussmus (siehe Seite 104)
    oder süßes Vanille-Haselnussmus (siehe Seite 105)
1 – 2 EL Roh-Rohrzucker
1 MSP feines Meersalz
3 – 4 EL Chiasamen (siehe Seite 35)
2 – 3 Blätter Zitronenmelisse

- Von den Heidelbeeren 150 g abnehmen und beiseite legen.
- Die verbliebenen Heidelbeeren mit der Mandelmilch, dem Paranussmus, Zucker und Salz in den Mixbehälter geben und alles fein cremig pürieren.
- Die Heidelbeersuppe in eine Schüssel umfüllen und die Chiasamen unterrühren.
- Die beiseite gelegten ganzen Heidelbeeren unterziehen und die Suppe etwa 60 Minuten im Kühlschrank ziehen lassen. Mit der Zitronenmelisse garniert servieren.

Tipp: Ist bei Ihnen das Glas mit den Chiasamen auch immer so schnell leer? Falls ja, dann müssen Sie auf die leckere, schön blau gefärbte Suppe nicht verzichten. Rühren Sie anstelle der Chiasamen 4 – 5 EL fein gemahlene Mandeln unter.

MELONEN-KAROTTEN-SUPPE

3 EL Sultaninen
5 – 6 EL Wasser
1 Cantaloupe-Melone
Saft einer halben Zitrone
2 MSP fein abgeriebene Zitronenschale
2 EL Roh-Rohrzucker
1 Karotte
2 – 3 Blätter Zitronenmelisse

- Die Sultaninen etwa 20 Minuten im Wasser quellen lassen. Danach das Wasser abgießen.
- Die Melone entkernen, in Spalten schneiden und die Schale entfernen. Die Melone in Würfel schneiden und mit dem Zitronensaft in den Mixbehälter geben.
- Die Zitronenschale und den Zucker hinzufügen und alles fein cremig pürieren.
- Die Melonencreme in eine Schüssel umfüllen.
- Die Karotte schälen und von Hand grob raspeln.
- Mit den Sultaninen zur Melonencreme geben und alles vorsichtig vermischen.
- Die Melonen-Karotten-Suppe auf zwei große Suppentassen verteilen, mit der fein gehackten Zitronenmelisse überstreuen und servieren.

Tipp: Am besten schmeckt die Melonen-Karotten-Suppe, wenn Sie die Melone vor der Verarbeitung gut im Kühlschrank durchkühlen lassen. Statt der Cantaloupe-Melone können Sie auch eine Galia-, Charentais- oder Honigmelone verwenden.

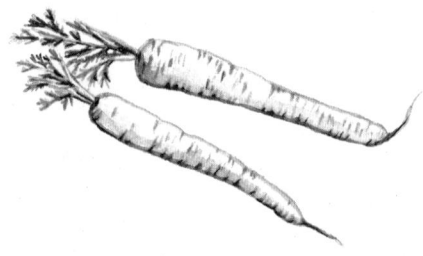

PFIRSICH-ROTE-BETE-SUPPE

4 reife Pfirsiche
Saft einer halben Zitrone
2 – 3 EL Mandelmus (siehe Seite 95)
3 EL Roh-Rohrzucker
1 kleine Rote Bete (etwa 150 g)
2 – 3 Blätter Zitronenmelisse

* Die Pfirsiche entkernen und grob zerkleinern.
* Mit dem Zitronensaft, Mandelmus und Zucker in den Mixbehälter geben und alles fein cremig pürieren.
* Das Pfirsichmus in eine Schüssel umfüllen.
* Die Rote Bete schälen und grob würfeln. Im Mixbehälter fein zerkleinern, jedoch nicht zermusen, sodass die Rote Bete noch etwas »stückig« ist.
* Die Rote Bete zum Pfirsichmus geben und vorsichtig unterziehen.
* Die Pfirsich-Rote Bete-Suppe mit der fein gehackten Zitronenmelisse überstreuen und servieren.

Tipp: Am besten schmeckt die Suppe, wenn die Pfirsiche und die Rote Bete vor der Verarbeitung gut gekühlt werden.
Sollte Ihr Mixgerät Probleme haben, die »trockene« Rote Bete zu zerkleinern, hilft es, zusätzlich 2 – 3 EL Wasser in den Mixbehälter zu geben. Sie können die geschälte Rote Bete jedoch auch von Hand grob raspeln.
Noch gehaltvoller wird die Pfirsich-Rote-Bete-Suppe, wenn Sie pro Portion 2 – 3 EL gekeimten Weizen oder Nackthafer (siehe Seite 25) unterrühren.

SOMMERFRÜCHTESUPPE

4 EL frisch gepresster Zitronensaft
3 EL Agavendicksaft
2 – 3 große Blätter Minze
6 Aprikosen
250 g geputzte Erdbeeren
2 Nektarinen
2 Pfirsiche

- 3 EL Zitronensaft mit dem Agavendicksaft verrühren.
- Die Minzeblätter sehr fein hacken und zum süßen Zitronensaft geben. Alles etwa 15 Minuten ziehen lassen.
- Die Aprikosen entkernen, halbieren und mit dem verbliebenen 1 EL Zitronensaft in den Mixbehälter geben und kurz zerkleinern. Sie sollten nicht zermust werden, sondern noch etwas »stückig« bleiben. Danach die Aprikosen in eine Schüssel umfüllen.
- Die Erdbeeren halbieren, in den Mixbehälter geben und ebenfalls kurz zerkleinern, aber nicht zermusen. Danach zu den Aprikosen in die Schüssel geben.
- Die Nektarinen und Pfirsiche entkernen, vierteln und ebenfalls im Mixbehälter kurz zerkleinern. In die Schüssel mit den anderen Früchten geben.
- Den angemachten Zitronensirup unterrühren und die Sommerfrüchtesuppe servieren.

TRAUBENCREMESUPPE MIT ROSMARIN

325 g grüne kernlose Trauben
100 ml kalte Mandelmilch (siehe Seite 99)
Saft einer halben Zitrone
2 – 3 EL Agavendicksaft
2 EL süßes Paranussmus (siehe Seite 104)
1 kleine reife Avocado
1 kleiner Zweig Rosmarin (von 2 – 3 cm Länge)
3 EL mittelfein gehackte Walnusskerne

- Von den Trauben 75 g beiseite legen.
- Die verbliebenen Trauben mit der Mandelmilch, dem Zitronensaft, Agavendicksaft und dem Paranussmus in den Mixbehälter geben.
- Die Avocado halbieren und den Kern entfernen. Das Fruchtfleisch auslöffeln und ebenfalls in den Mixbehälter geben.
- Die Rosmarinnadeln vom Zweig abzupfen und ebenfalls in den Mixbehälter geben.
- Alles fein cremig pürieren.
- Die Traubencremesuppe in zwei Suppenteller geben.
- Die verbliebenen Trauben halbieren und in zwei Portionen auf der Suppe verteilen.
- Die Traubencremesuppe mit den Walnusskernen überstreuen und servieren.

Tipp: Trauben und Rosmarin sind das »Dreamteam« des goldenen Oktobers!

ZITRUSSUPPE

2 unbehandelte Orangen
1 unbehandelte Zitrone
2 kleine Bananen
5 EL Sultaninen
5 EL Sonnenblumenkerne
2 MSP gemahlene Bourbonvanille

- Von einer Orange und von der Zitrone jeweils 2 MSP Schale fein abreiben.
- Die Orangen und die Zitrone schälen und in Scheiben schneiden. Falls notwendig, die Kerne entfernen.
- Die Orangen und Zitrone mit der Orangenschale und Zitronenschale sowie den geschälten Bananen und den verbliebenen Zutaten in den Mixbehälter geben und alles fein cremig pürieren.

Tipp: *Die Zitrussuppe schmeckt nicht nur als süße Mittagsmahlzeit, sondern auch zum Frühstück.*
Eine schmackhafte Kombination ergibt sich, wenn Sie die Zitrussuppe mit 4 – 5 EL gekeimten Sonnenblumenkernen (siehe Seite 26) überstreuen.

ZWETSCHGENCRUMBLE

350 g halbierte und entsteinte Zwetschgen
½ Vanilleschote
2 – 3 EL Roh-Rohrzucker
2 EL frisch gepresster Zitronensaft
50 g Walnusskerne
50 g Mandeln
50 g getrocknete Cranberrys
2 – 3 EL Agavendicksaft
⅓ TL gemahlener Zimt

- Die Zwetschgen vierteln und mit dem ausgekratzten Mark der Vanilleschote sowie dem Zucker und Zitronensaft in den Mixbehälter geben. So lange mixen, bis die Zwetschgen fein zerkleinert sind. Sie sollten jedoch nicht zermust werden.
- Die Zwetschgenzubereitung in eine Schüssel füllen und glatt streichen.
- Den Mixbehälter kurz mit heißem Wasser ausspülen.
- Die Walnusskerne, Mandeln, Cranberrys sowie den Agavendicksaft und Zimt in den Mixbehälter geben. Alles so lange mixen, bis die Mischung in etwa die Konsistenz von Kuchenstreuseln hat.
- Die Mischung wie Streusel auf den Zwetschgen verteilen.
- Den Zwetschgencrumble vor dem Servieren etwa 60 Minuten im Kühlschrank ziehen lassen.

Tipp: Mit dem köstlichen Zwetschgencrumble lässt es sich wunderbar »blau« machen!

EISCREMES

APRIKOSEN-MANDEL-EIS

400 g entsteinte Aprikosen
75 g Mandeln
300 ml Wasser zum Einweichen
100 ml kalte Mandelmilch (siehe Seite 99)
3 – 4 EL Roh-Rohrzucker
2 EL frisch gepresster Zitronensaft

- Die Aprikosen vierteln und für mindestens 12, gern auch 24 Stunden einfrieren.
- Die Mandeln mit dem Wasser übergießen und abgedeckt etwa 24 Stunden quellen lassen. Danach das Wasser abgießen und die Mandeln enthäuten.
- Zur Eiszubereitung die Aprikosen aus dem Tiefkühlgerät nehmen und kurz antauen lassen.
- Die Mandeln, die Mandelmilch, den Zucker und Zitronensaft in den Mixbehälter geben und alles gründlich zerkleinern.
- Die Aprikosen hinzufügen und alles zu einem fein cremigen Eis pürieren.

ANANAS-CREME-EIS

400 g geschälte Ananas
1 Banane
50 ml kalte Mandelmilch (siehe Seite 99)
2 – 3 EL Agavendicksaft

- Die Ananas mittelfein würfeln.
- Die Banane schälen und in Scheiben schneiden. Die Früchte mindestens 12 Stunden einfrieren.
- Zur Eiszubereitung die Früchte aus dem Tiefkühlgerät nehmen, in den Mixbehälter geben und kurz antauen lassen.
- Die Mandelmilch und den Agavendicksaft hinzufügen und alles zu einem fein cremigen Eis pürieren.

Tipp: *Anstelle der Mandelmilch können Sie auch frischen Ananassaft oder Kokoswasser verwenden. Wenn Sie Kokosflocken mögen, können Sie noch 2 – 3 EL davon unter das fertige Eis rühren.*

BRENNNESSEL-BANANEN-EIS

3 Bananen
4 getrocknete und entsteinte weiche Datteln
20 g Brennnesselblätter
80 – 100 ml kalte Mandelmilch (siehe Seite 99)

- Die Bananen schälen, in Scheiben schneiden und für mindestens 12 Stunden einfrieren.
- Zur Eiszubereitung die Bananen aus dem Tiefkühlgerät nehmen, in den Mixbehälter geben und kurz antauen lassen.
- Die Datteln grob zerkleinern und ebenfalls in den Mixbehälter geben.
- Die grob zerkleinerten Brennnesselblätter sowie die Mandelmilch hinzufügen und alles zu einem fein cremigen Eis pürieren.

Tipp: Damit das Eis bei der Zubereitung nicht »brennt«, sollten Sie sowohl beim Pflücken als auch beim Waschen und Zerkleinern der Brennnesseln Handschuhe tragen.

CASHEW-FRUCHT-EIS

für vier Portionen

200 g Cashewkerne
500 ml Wasser zum Einweichen
Saft einer Zitrone
3 – 4 EL Agavendicksaft
70 ml Mandelmilch (siehe Seite 99)
2 – 3 MSP fein abgeriebene Zitronenschale
Sonnenblumenöl für die Schälchen
1 – 2 EL Roh-Rohrzucker
2 – 3 MSP gemahlene Bourbonvanille
1 Kakifrucht (180 – 200 g)

- Die Cashewkerne über Nacht im Wasser quellen lassen.
- Die Cashewkerne in ein Sieb geben, kurz mit klarem Wasser abspülen, dann abtropfen lassen.
- Die Cashewkerne mit dem Zitronensaft und Agavendicksaft, der Mandelmilch und Zitronenschale in den Mixbehälter geben und alles fein cremig pürieren.
- Zwei Drittel der Cashewcreme aus dem Mixbehälter nehmen und in vier mit etwas Sonnenblumenöl ausgestrichene Schälchen geben. Danach glatt streichen.
- Den Rohrzucker und die Vanille zum verbliebenen Drittel der Cashewcreme in den Mixbehälter geben.
- Die Kaki mittelfein würfeln und ebenfalls in den Mixbehälter geben.
- Alles fein cremig pürieren.
- Die Fruchtcreme auf die vier Schälchen verteilen und glatt streichen. Mit Frischhaltefolie abdecken.
- Das Cashew-Frucht-Eis ins Tiefkühlgerät stellen und einfrieren.
- Das Eis vor dem Servieren etwa 10 Minuten antauen lassen.

Tipp: Kakifrüchte kommen bei uns insbesondere in den Herbst- und Wintermonaten auf den Markt. In den anderen Monaten können Sie zum Zubereiten von Cashew-Frucht-Eis andere Früchte wie zum Beispiel die gleiche Menge an Beerenfrüchten (Erdbeeren, Himbeeren, Brombeeren, Johannisbeeren, Heidelbeeren) oder auch Nektarinen und Pfirsiche verwenden.

KAROTTEN-BIRNEN-EIS

2 große Karotten
1 Birne
1 kleine Banane
4 getrocknete und entsteinte weiche Datteln
150 ml kalte Mandelmilch (siehe Seite 99)
½ TL gemahlener Zimt

- Die Karotten schälen und in dünne Scheiben schneiden.
- Die Birne vierteln, entkernen und grob zerkleinern.
- Die Banane schälen und in Scheiben schneiden.
- Die Karotten und das Obst für mindestens 12 Stunden einfrieren.
- Zur Eiszubereitung die Karotten und das Obst aus dem Tiefkühlgerät nehmen, in den Mixbehälter geben und kurz antauen lassen.
- Die Datteln in Scheiben schneiden und mit der Mandelmilch und dem Zimt ebenfalls in den Mixbehälter geben.
- Alles zu einem fein cremigen Eis pürieren.

Tipp: *So schmecken Karotten auch Gemüsemuffeln.*

FIXES KIRSCH-MINZE-SORBET

400 g tiefgekühlte Sauerkirschen
4 – 6 Blätter Minze
4 – 5 EL Agavendicksaft
2 EL frisch gepresster Zitronensaft

- Die Sauerkirschen aus dem Tiefkühlgerät nehmen, in den Mixbehälter geben und kurz antauen lassen.
- Die Minze grob zerkleinern und mit dem Agavendicksaft und Zitronensaft ebenfalls in den Mixbehälter geben.
- Alles zu einem cremigen Sorbet pürieren.

Tipp: Dies ist ein superschnelles Sorbet, das sich kinderleicht zusammenrühren lässt.
Sollte zu viel »Sauer« Sie nicht lustig machen, fügen Sie noch etwas mehr Agavendicksaft hinzu.

MELONENSORBET

1 kleine Cantaloupe-Melone oder Galia-Melone
4 EL Sultaninen
Saft einer halben großen Zitrone
4 Blätter Zitronenmelisse
2 – 3 EL Agavendicksaft

- Die Melone schälen und entkernen (sollte 500 g Fruchtfleisch ergeben).
- Das Fruchtfleisch der Melone grob würfeln und für mindestens 12 Stunden einfrieren.
- Zur Eiszubereitung die Sultaninen mit dem Zitronensaft übergießen und unter gelegentlichem Rühren etwa 15 Minuten ziehen lassen.
- Die Melone aus dem Tiefkühlgerät nehmen, in den Mixbehälter geben und kurz antauen lassen.
- Die grob zerkleinerten Blätter der Zitronenmelisse und den Agavendicksaft hinzufügen.
- Alles zu einem cremigen Sorbet pürieren.
- Die Sultaninen und den Zitronensaft unterrühren und das Sorbet servieren.

> **Tipp:** *Sie können das Sorbet geschmacklich noch verfeinern, indem Sie nach dem Pürieren 3 EL gehackte Mandeln unterrühren.*

NEKTARINEN-BASILIKUM-SORBET

500 g entsteinte Nektarinen
8 – 10 Blätter Basilikum
Saft einer halben Zitrone
4 EL Agavendicksaft

- Die Nektarinen grob würfeln und für mindestens 12 Stunden einfrieren.
- Zur Eiszubereitung die Nektarinen aus dem Tiefkühlgerät nehmen, in den Mixbehälter geben und kurz antauen lassen.
- Die Basilikumblätter grob zerkleinern und mit dem Zitronensaft und Agavendicksaft ebenfalls in den Mixer geben.
- Alles zu einem cremigen Sorbet pürieren.

Tipp: *Statt der Nektarinen können Sie auch Pfirsiche verwenden. Aber ganz egal, welche von den beiden Sie in den Mixbehälter geben: Beim Löffeln dieses erfrischenden und aromatischen Sorbets fühlen Sie sich bestimmt in die sommerliche Toskana versetzt.*

PFIRSICH-MANDEL-EIS

400 g entsteinte Pfirsiche
4 EL Mandelmus (siehe Seite 95)
3 – 4 EL Agavendicksaft
Saft einer halben Limette
2 MSP fein abgeriebene Limettenschale

- Die Pfirsiche grob würfeln und für mindestens 12 Stunden einfrieren.
- Zur Eiszubereitung die Pfirsiche aus dem Tiefkühlgerät nehmen, in den Mixbehälter geben und kurz antauen lassen.
- Das Mandelmus, den Agavendicksaft, Limettensaft und die Limettenschale ebenfalls in den Mixbehälter geben und alles zu einem fein cremigen Eis pürieren.

Tipp: *Statt des Mandelmuses können Sie auch Cashewmus (siehe Seite 95) oder Vanille-Haselnussmus (siehe Seite 105) verwenden.*

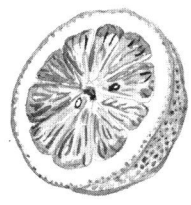

PISTAZIENEIS

2 ½ kleine Bananen
1 kleine, nicht zu reife Avocado
50 g geschälte (grüne) Pistazien
3 getrocknete und entsteinte weiche Datteln
½ Vanilleschote
2 EL Cashewmus (siehe Seite 95)
50 ml kalte Mandelmilch (siehe Seite 99)
1 EL Pistazienöl oder Kürbiskernöl

- Die Bananen schälen und in Scheiben schneiden.
- Die Avocado halbieren. Den Kern entfernen und vorsichtig die Schale der Avocado abziehen. Die Avocado grob würfeln und mit den Bananenscheiben und Pistazien in eine frostfeste Kunststoffdose geben. Alles für mindestens 12 Stunden einfrieren.
- Zur Eiszubereitung die gefrorenen Bananenscheiben, die Avocadowürfel und Pistazien in den Mixbehälter geben und kurz antauen lassen.
- Die Datteln in Scheiben schneiden.
- Das Mark der Vanilleschote auskratzen und mit den Datteln, dem Cashewmus, der Mandelmilch und dem Öl ebenfalls in den Mixbehälter geben.
- Alles zu einem fein cremigen Eis pürieren.

Tipp: *Wenn Sie möchten, können Sie vor dem Servieren noch 3 EL mittelfein gehackte geschälte Pistazien unter das Eis ziehen.*

SCHOKO-DATTEL-EIS MIT MANDELN

3 Bananen
5 – 6 getrocknete und entsteinte weiche Datteln
3 EL Walnusskerne
1 ½ – 2 EL Kakaopulver
100 ml kalte Mandelmilch (siehe Seite 99)
2 EL Mandelmus (siehe Seite 95)
3 – 4 EL gehackte Mandeln

- Die Bananen schälen, in Scheiben schneiden und mindestens 12 Stunden einfrieren.
- Zur Eiszubereitung die Bananen aus dem Tiefkühlgerät nehmen, in den Mixbehälter geben und kurz antauen lassen.
- Die Datteln grob zerkleinern und mit den grob gehackten Walnusskernen ebenfalls in den Mixbehälter geben.
- Den Kakao, die Mandelmilch und das Mandelmus hinzufügen.
- Alles zu einem fein cremigen Eis pürieren.
- Die Mandeln unterziehen und das Eis servieren.

SCHOKO-CASHEW-EIS

für vier Portionen

200 g Cashewkerne
150 ml Mandelmilch (siehe Seite 99)
4 – 5 EL Agavendicksaft
3 EL Kakaopulver
1 MSP feines Meersalz
Sonnenblumenöl für die Form

- Alle Zutaten in den Mixbehälter geben und fein pürieren.
- Die Creme in vier, mit ein wenig Sonnenblumenöl ausgestrichene Schälchen füllen und glatt streichen.
- Mit Frischhaltefolie abdecken und im Tiefkühlgerät einfrieren.
- Das Eis vor dem Servieren etwa 10 Minuten antauen lassen.

SCHOKOEIS MIT KAKAONIBS

3 große Bananen
4 getrocknete und entsteinte weiche Datteln
50 ml kalte Mandelmilch (siehe Seite 99)
2 EL süßes Paranussmus (siehe Seite 104)
    oder Vanille-Haselnussmus (siehe Seite 105)
2 EL Kakopulver
1 ½ – 2 EL Kakaonibs (siehe Seite 38)

- Die Bananen schälen, in Scheiben schneiden und mindestens 12 Stunden einfrieren.
- Zur Eiszubereitung die Bananen aus dem Tiefkühlgerät nehmen, in den Mixbehälter geben und kurz antauen lassen.
- Die Datteln grob zerkleinern und mit der Mandelmilch, dem Paranussmus oder Vanille-Haselnussmus und dem Kakaopulver in den Mixbehälter geben.
- Alles zu einem fein cremigen Eis pürieren.
- Die Kakaonibs unterrühren und das Eis servieren.

Tipp: Für alle Schokofans die kühlste, cremigste Schokoverführung, seit es Rohkost-Schokoeis gibt!

TOMATEN-NEKTARINEN-SORBET

2 Tomaten (etwa 230 g)
3 Nektarinen
2 – 3 große Salbeiblätter
3 EL Agavendicksaft
2 EL Roh-Rohrzucker
2 EL roter Balsamessig

- Die Tomaten grob würfen.
- Die Nektarinen entkernen und ebenfalls grob würfeln.
- Die Tomaten und Nektarinen für mindestens 12 Stunden einfrieren.
- Zum Zubereiten des Sorbets die Nektarinen und Tomaten in den Mixbehälter geben und kurz antauen lassen.
- Die Salbeiblätter grob zerkleinern und mit den verbliebenen Zutaten ebenfalls in den Mixbehälter geben.
- Alles zu einem cremigen Sorbet pürieren.

Tipp: *Tomaten und Nektarinen – geht das wirklich kulinarisch zusammen? Aber wie! Probieren Sie es doch selbst einmal.*

PUDDINGS UND DESSERTS

APFELKOMPOTT MIT SULTANINEN UND WALNÜSSEN

4 EL Sultaninen
Saft einer halben kleinen Zitrone
3 Äpfel
2 – 3 EL Agavendicksaft
3 MSP gemahlener Zimt
4 EL fein gehackte Walnusskerne

- Die Sultaninen etwa 20 Minuten im Zitronensaft ziehen lassen, dabei gelegentlich umrühren.
- Die Äpfel schälen, vierteln, entkernen und grob würfeln.
- Die Äpfel mit dem Agavendicksaft in den Mixbehälter geben und so lange pürieren, bis sie mittelfein zerkleinert sind. Sie sollten nicht zu Mus verarbeitet werden, sondern noch etwas »stückig« bleiben.
- Die Äpfel in eine Schüssel geben und mit den Sultaninen und dem Zitronensaft sowie dem Zimt vermischen.
- Mit den Walnusskernen überstreuen und servieren.

Tipp: *Das Apfelkompott ist ein superschnelles und leckeres Frühstück. Lassen Sie dazu die Sultaninen am besten über Nacht im Zitronensaft ziehen. Noch sättigender wird das Apfelmus, wenn Sie auf jeder Portion noch 3 EL gekeimten Weizen oder Nackthafer, gekeimte Nacktgerste (siehe Seite 25) oder gekeimten Buchweizen (siehe Seite 25) verteilen.*

APRIKOSENPUDDING

1 große Banane
350 g Aprikosen
50 ml Mandelmilch (siehe Seite 99)
2 – 3 EL Roh-Rohrzucker
1 EL frisch gepresster Zitronensaft
1 TL Johannisbrotkernmehl
2 EL Mandelblättchen
2 – 3 Blätter Zitronenmelisse

- Die Banane schälen und in Scheiben schneiden.
- Die Aprikosen halbieren, entkernen und grob zerkleinern.
- Die Aprikosen, Banane, Mandelmilch, den Zucker und Zitronensaft in den Mixbehälter geben und alles fein cremig pürieren.
- Das Johannisbrotkernmehl hinzufügen und nochmals kurz pürieren.
- Den Aprikosenpudding in Schälchen oder kleine Saftgläser umfüllen und im Kühlschrank gut durchkühlen lassen.
- Vor dem Servieren mit den Mandelblättchen überstreuen und mit der Zitronenmelisse garnieren.

> **Tipp:** *Wenn Sie kein Johannisbrotkernmehl vorrätig haben oder es nicht verwenden möchten, können Sie den Pudding auch mit 3 EL Chiasamen oder 4 EL fein gemahlenen Mandeln, die Sie zum Schluss unterrühren, andicken. Lassen Sie den Pudding dann mindestens 3 Stunden, besser noch über Nacht im Kühlschrank ziehen.*

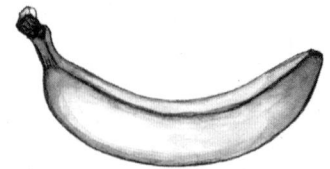

SCHICHTDESSERT MIT BIRNEN UND CRANBERRYS

Für die erste Schicht:
3 kleine Birnen (oder 2 große)
1 EL Roh-Rohrzucker
1 EL frisch gepresster Zitronensaft
⅓ TL gemahlener Zimt

Für die zweite Schicht:
2 kleine Bananen
4 – 5 EL Wasser
1 EL frisch gepresster Zitronensaft
2 – 3 MSP gemahlene Bourbonvanille

Für die dritte Schicht:
5 EL Walnusskerne
5 EL getrocknete Cranberrys

- Für die **erste Schicht** die Birnen vierteln, entkernen und grob würfeln.
- Die Birnen mit dem Zucker, Zitronensaft und Zimt in den Mixbehälter geben und fein cremig pürieren.
- Die Birnencreme auf zwei große Gläser verteilen.
- Den Mixbehälter kurz mit heißem Wasser ausspülen.
- Für die **zweite Schicht** die Bananen schälen, in Scheiben schneiden und mit dem Wasser, Zitronensaft und der Vanille in den Mixbehälter geben.
- Alles fein cremig pürieren.
- Die Bananencreme jeweils auf der Birnencreme verteilen und glatt streichen.
- Den Mixbehälter kurz mit heißem Wasser ausspülen.
- Für die **dritte Schicht** die Walnusskerne mit den Cranberrys in den Mixbehälter geben und mittelfein zerkleinern.
- Die Nuss-Beeren-Mischung jeweils auf der Bananencreme verteilen und das Schichtdessert servieren.

Tipp: Sollte Ihr Mixgerät Probleme haben, die Walnusskerne und Cranberrys zu zerkleinern, können Sie diese mit dem Messer mittelfein hacken.

BROWNIES MIT SCHOKOGUSS

Für den Brownieteig:
50 g Mandeln
50 g Haselnusskerne
75 g getrocknete und entsteinte weiche Datteln
1 ½ EL Kakaopulver
1 – 2 EL Agavendicksaft
1 TL frisch gepresster Zitronensaft
1 MSP feines Meersalz
1 – 2 EL Wasser
Sonnenblumenöl für die Form

Für den Schokoguss:
1 reife Avocado
1 ½ – 2 EL Agavendicksaft
1 – 1 ½ EL Wasser
1 EL Kakaopulver
1 MSP gemahlener Zimt
1 MSP gemahlene Bourbonvanille

- Für den **Brownieteig** die Mandeln und Haselnusskerne im Mixbehälter fein zerkleinern.
- Die Datteln in Scheiben schneiden und mit dem Kakaopulver, Agaven-dicksaft, Zitronensaft, Salz und Wasser ebenfalls in den Mixbehälter geben.
- Alles fein pürieren, bis ein sämiger, glatter Teig entstanden ist.
- Den Teig in eine mit Öl ausgestrichene, kleine und flache Auflaufform geben und glatt streichen.
- Den Mixbehälter kurz mit heißem Wasser ausspülen.
- Für den **Schokoguss** die Avocado halbieren, den Kern entfernen und das Fruchtfleisch auslöffeln.
- Die Avocado mit den verbliebenen Zutaten in den Mixbehälter geben und alles fein cremig pürieren.
- Den Guss auf dem Brownieteig verteilen und glatt streichen.
- Die Brownies mit Frischhaltefolie abdecken und im Kühlschrank gut durchkühlen lassen.
- Zum Servieren die beiden Portionen entweder mit einem Löffel ent-nehmen und auf Dessertschälchen verteilen oder die Brownies mit einem scharfen Messer in dekorative Würfel schneiden.

Tipp: Nicht sehr leistungsstarke Standmixer können Probleme haben, den relativ sämigen und schweren Brownieteig durchzuarbeiten. Falls Sie eine Küchenmaschine besitzen, können Sie den Brownieteig auch im Mixbehälter der Küchenmaschine zubereiten. Eine weitere Möglichkeit der Teigzubereitung besteht darin, die Mandeln, Haselnusskerne und Datteln mit dem Messer fein zu hacken und dann mit den restlichen Zutaten für den Teig von Hand zu verkneten.

Die Avocadocreme für den Schokoguss lässt sich auch mit dem Pürierstab gut zubereiten.

Besonders lecker schmecken die Brownies mit einem Klecks gut gekühlter Cashewsahne.

CASHEWSAHNE

100 g Cashewkerne
150 ml Wasser zum Einweichen
2 getrocknete und entsteinte weiche Datteln
1 – 2 MSP gemahlene Bourbonvanille
1 MSP feines Meersalz
75 ml Wasser

- Die Cashewkerne über Nacht im Wasser quellen lassen.
- Die Cashewkerne in ein Sieb geben, kurz mit klarem Wasser abbrausen und abtropfen lassen.
- Die Cashewkerne mit den grob zerkleinerten Datteln, dem Vanillepulver, dem Salz und Wasser in den Mixbehälter geben und alles fein cremig pürieren.
- Die Cashewsahne in ein Schälchen umfüllen und vor dem Servieren im Kühlschrank gut durchkühlen lassen.

Tipp: Reste der Cashewsahne halten sich abgedeckt im Kühlschrank 2 – 3 Tage. Meist ist sie jedoch ratzfatz weggeschleckt, sodass ich oft von vornherein gleich die doppelte Menge zubereite.

MARINIERTE FEIGEN MIT NUSSMARZIPANSAUCE

Für die marinierten Feigen:
4 Feigen
2 EL mildes Olivenöl
1 EL frisch gepresster Zitronensaft
1 EL Agavendicksaft
1 kleiner Zweig Rosmarin

Für die Nussmarzipansauce:
4 EL Sultaninen
150 ml Wasser zum Einweichen
50 g Haselnusskerne
50 g Walnusskerne
2 EL Hanfsamenmus (siehe Seite 98)
2 EL Orangenblütenwasser (falls erwünscht)
2 EL feiner Roh-Rohrzucker
150 ml Wasser

- Für die **marinierten Feigen** die Feigen halbieren und in eine Schüssel geben.
- Das Öl mit dem Zitronensaft und Agavendicksaft verrühren.
- Das angemachte Öl zu den Feigen geben und alles vorsichtig vermischen.
- Den Rosmarinzweig in die Schüssel dazulegen und die Feigen abgedeckt bei Raumtemperatur etwa 60 Minuten ziehen lassen. Dabei gelegentlich vorsichtig wenden.

- Für die **Nussmarzipansauce** die Sultaninen mit dem Wasser übergießen und 30 Minuten quellen lassen. Danach die Sultaninen in ein kleines Sieb geben und gut abtropfen lassen.
- Die Haselnuss- und Walnusskerne in den Mixbehälter geben und fein zerkleinern.
- Die Sultaninen, das Hanfsamenmus, Orangenblütenwasser und den Zucker hinzufügen und alles kurz durchmixen.
- Das Wasser hinzufügen und die Nussmarzipansauce fein cremig pürieren.
- Die Sauce in ein Schälchen oder eine kleine Karaffe umfüllen und abgedeckt im Kühlschrank etwa 60 Minuten durchkühlen lassen. Vor dem Servieren nochmals kurz umrühren.
- Die Feigen auf zwei Dessertteller geben und mit der Nussmarzipansauce servieren.

Tipp: Orangenblütenwasser wird durch Wasserdampfdestillation aus den Blüten der Bitterorangen gewonnen, sodass es kein rohköstliches Produkt ist. Wenn Sie deshalb kein Orangenblütenwasser verwenden möchten, können Sie stattdessen 2 EL frisch gepressten Orangensaft in die Sauce geben.

HEIDELBEERPUDDING

1 große Banane
150 g Heidelbeeren
2 – 3 EL Mandelmus (siehe Seite 95)
1 EL frisch gepresster Zitronensaft
2 MSP gemahlene Bourbonvanille
2 – 3 Blätter Zitronenmelisse

- Die Banane schälen und in Scheiben schneiden.
- Die Banane mit den Heidelbeeren, dem Mandelmus, Zitronensaft und der Vanille in den Mixbehälter geben und alles fein cremig pürieren.
- Den Heidelbeerpudding in Schälchen umfüllen und etwa 30 Minuten im Kühlschrank kühlen lassen.
- Vor dem Servieren mit der fein gehackten Zitronenmelisse überstreuen.

MOUSSE AU CHOCOLAT

8 getrocknete und entsteinte weiche Datteln
2 große reife Avocados
etwa 100 ml Wasser
2 – 2 ½ EL Kakaopulver
2 EL Agavendicksaft
2 MSP gemahlene Bourbonvanille
1 MSP feines Meersalz

- Die Datteln grob zerkleinern und in den Mixbehälter geben.
- Die Avocados halbieren und die Kerne entfernen. Das Fruchtfleisch auslöffeln und zu den Datteln in den Mixbehälter geben.
- Das Wasser hinzufügen und alles zu einer glatten Creme pürieren.
- Die verbliebenen Zutaten hinzufügen und nochmals gründlich pürieren.
- Die Mousse au Chocolat in zwei Schälchen füllen und vor dem Servieren etwa 60 Minuten im Kühlschrank durchkühlen lassen.

Tipp: *Ein noch intensiveres Schokoaroma erhält die Mousse au Chocolat, wenn Sie zusätzlich 1 EL fein gemahlene Kakaonibs (siehe Seite 38) mit unterrühren.*

NEKTARINEN-SCHICHTDESSERT

3 große Nektarinen (oder 4 kleine)
3 EL Roh-Rohrzucker
2 MSP gemahlene Bourbonvanille
5 getrocknete und entsteinte weiche Datteln
85 g Haselnusskerne
2 EL frisch gepresster Zitronensaft

- Die Nektarinen entkernen und grob würfeln. Mit dem Zucker und der Vanille in den Mixbehälter geben und alles fein cremig pürieren.
- Die Nektarinencreme in eine Schüssel umfüllen.
- Den Mixbehälter kurz mit heißem Wasser ausspülen.
- Die Datteln grob zerkleinern. Mit den Haselnusskernen und dem Zitronensaft in den Mixbehälter geben und alles mittelfein zerkleinern. Die Nuss-Dattel-Mischung sollte noch etwas »stückig« bleiben.
- Das Schichtdessert wie folgt zusammensetzen:
- Die Hälfte der Nuss-Dattel-Mischung in zwei hohe Saftgläser verteilen und glatt streichen.
- Die Hälfte der Nektarinencreme darüber verteilen.
- Jeweils die restliche Dattel-Nuss-Mischung darübergeben und mit der Nektarinencreme abschließen.
- Das Dessert vor dem Servieren etwa 30 Minuten im Kühlschrank ziehen lassen.

Tipp: *Noch cremiger wird die Nektarinencreme, wenn Sie 2 EL Mandelmus oder Cashewmus (siehe Seite 95) mit den Nektarinen, dem Zucker und der Vanille pürieren.*

NUSSPUDDING MIT ZIMT

50 g Walnusskerne
50 g Haselnusskerne
50 g Mandeln
1 große Banane
150 ml Mandelmilch (siehe Seite 99)
2 EL Roh-Rohrzucker
1 MSP feines Meersalz
1 TL gemahlener Zimt
2 MSP gemahlene Bourbonvanille

- Die Nüsse und Mandeln in den Mixbehälter geben und zerkleinern.
- Die Banane schälen, in Scheiben schneiden und mit der Mandelmilch, dem Zucker, Salz, dem Zimt und der Vanille ebenfalls in den Mixbehälter geben.
- So lange pürieren, bis eine glatte Creme entstanden ist.
- Den Nusspudding in eine Schüssel umfüllen und vor dem Servieren 3 – 4 Stunden im Kühlschrank kühlen lassen.

Tipp: Zu einem echten Power-Pudding wird der Nusspudding, wenn Sie zusätzlich noch 2 EL fein gemahlene Hanfsamen oder 1 EL Hanfsamenmus (siehe Seite 98) mit unterrühren.

ORANGENPUDDING

50 g Paranusskerne
5 EL Hanfsamen (45 g)
3 unbehandelte kleine Orangen
½ kleine Zitrone
4 getrocknete weiche Feigen
3 EL Chiasamen (siehe Seite 35)

- Die Paranusskerne und Hanfsamen in den Mixbehälter geben und kurz zerkleinern.
- Von einer Orange 2 – 3 MSP Schale fein abreiben.
- Danach alle Orangen schälen und in Spalten schneiden. Falls notwendig, die Kerne entfernen.
- Die Zitrone schälen, grob zerkleinern und, falls notwendig, die Kerne entfernen.
- Die Feigen grob zerkleinern.
- Die Orangen und Orangenschale, Zitrone und Feigen in den Mixbehälter geben und alles fein cremig pürieren.
- Die Chiasamen unterrühren und den Orangenpudding mindestens 4 Stunden, besser noch über Nacht im Kühlschrank ziehen lassen.

Tipp: Sollten die Feigen, die Sie im Haus haben, nicht weich genug sein, können Sie sie etwa 4 Stunden in etwas Wasser einweichen. Danach gut abtropfen lassen und wie im Rezept beschrieben weiterverfahren.
Dieser fein herbe Pudding schmeckt zwei Personen als süßes, sättigendes Frühstück oder vier Personen zum Dessert.

ZITRONENCREME

125 g Cashewkerne
250 ml Wasser zum Einweichen
Saft von 1 ½ kleinen Zitronen
½ TL fein abgeriebene Zitronenschale
50 ml Wasser
3 – 4 EL Agavendicksaft

- Die Cashewkerne über Nacht im Wasser quellen lassen. Die Cashewkerne in ein Sieb geben, kurz mit klarem Wasser abbrausen und abtropfen lassen.
- Die Cashewkerne mit den verbliebenen Zutaten in den Mixbehälter geben und alles fein cremig pürieren.
- Die Zitronencreme vor dem Servieren im Kühlschrank gut durchkühlen lassen.

Tipp: Einen roten Farbtupfer und zusätzliche Vitamine erhält die Zitronencreme, wenn Sie vor dem Servieren noch 3 EL fein gehackte getrocknete Gojibeeren auf der Creme verteilen.

DIE AUTORIN

Heike Kügler-Anger arbeitete lange als Englischdozentin in der Erwachsenenbildung. 2006 tauschte sie die Lehrbücher gegen den Kochlöffel ein und hat seitdem zahlreiche Kochbücher zur vegetarischen und veganen Küche veröffentlicht. Außerdem schreibt sie redaktionelle Texte zu den Themen Kochen, Ernährung und Gesundheit und erteilt Kochkurse.

Ihr Lebensmittelpunkt ist seit gut zehn Jahren der Odenwald, wo sie mit ihrem besten Testesser (ihrem Ehemann) sowie mit mehreren Hunden und Katern in einem kleinen Dorf heimisch geworden ist.

Von Heike Kügler-Anger sind im pala-verlag bereits erschienen:
- Vegetarisch kochen – französisch
- Milchfrei und schnell gekocht
- Käse veganese
- Cucina vegana
- Vegetarisches fürs Fest
- Vegan unterwegs
- Frisch aufgegabelt – Nudeln vegan
- Vegetarisches aus der Klosterküche
- Veganes fürs Fest
- Vegan grillen
- Vive la Provence!
- Vegane Brotaufstriche

MIXEN NACH DEN JAHRESZEITEN

GENUSS IM HERBST

DAS SCHMECKT IM WINTER

EXOTISCHE GENÜSSE

GENUSS ZU JEDER JAHRESZEIT

REZEPTINDEX